ME LLAMO NEYMAR

ME LLAMO NEYMAR

Conversación entre padre e hijo

Traducción de Simon Saito Navarro

GRUPO ZETA

Barcelona • Madrid • Bogotá • Buenos Aires • Caracas • México D.F. • Miami • Montevideo • Santiago de Chile

Título original: *Conversa entre pai e filho*
Traducción: Simon Saito
1.ª edición: febrero 2014
1.ª reimpresión: marzo 2014

© 2013, by Universo dos Livros
© Neymar Sport & Marketing LTDA.
© Ediciones B, S. A., 2014
  Consell de Cent, 425-427 - 08009 Barcelona (España)
  www.edicionesb.com

Printed in Spain
ISBN: 978-84-666-5445-6
Depósito legal: B. 27.467-2013

Impreso por LIBERDÚPLEX, S.L.U.
Ctra. BV 2249 Km 7,4 Polígono Torrentfondo
08791 - Sant Llorenç d'Hortons (Barcelona)

Prefacio

Neymar Jr.:

Al día siguiente de proclamarte campeón de la Libertadores, mi padre, Joelmir Beting, entonces presentador del Jornal da Band, se mojó la rala cabellera cana para hacerse un peinado mohicano como el tuyo. Estuvo a punto de presentar el noticiario con esa pinta. Y ten en cuenta que él era palmeirense...

Fue el mejor padre que un periodista puede ser. Y el mejor periodista que un hijo puede tener como padre.

Él te adoraba. Imagino cómo se quedó allí arriba, tres días después de abandonar este mundo, en noviembre de 2012, al ver a su hijo periodista recibiendo de ti, sobre el césped del estadio Vila Belmiro, una placa en su honor, en homenaje a su amor infinito por el fútbol. A su amor infinito por tu fútbol. Tal como Maracaná y el mundo entero pudieron verlo en la Copa de las Confederaciones. Exactamente cincuenta y dos años después de que mi padre entregara una placa a Pelé por el gol que se convirtió en una expresión de *crack*: Gol de Placa.

Como ya ocurre hoy, y lo hará por mucho tiempo, tú serás la mejor expresión de *crack* brasileño. Y mundial.

Confieso que no recuerdo lo que me dijiste aquel día, Neymar Jr., en el Vila. Confieso que no recuerdo lo que te dije sobre el césped cuando recibí la placa con la que el Santos homenajeaba a mi añorado padre.

Nunca me he sentido tan emocionado y honrado representándolo. Tanto que no recuerdo las palabras de ese momento inolvidable.

Imagino lo que Neymar padre debe sentir con cada jugada tuya. Soy padre e hijo de *cracks* en otros ámbitos. Mis padres y mis hijos lo son todo. No puedo imaginarme lo que debe significar para un padre tener un hijo que es uno de los mejores en lo que hace. Y que todavía no ha tocado techo.

Imagino lo que Neymar Jr. debe sentir por tener un padre *crack* como él. Cómplice como apenas hay. Amigo como se tienen pocos. Compañero como solo existe uno.

Imagino lo que Ivan Moré sintió siendo un espectador privilegiado de esta colección de *cracks*. Y felicito a mi amiga Marcia Batista por haber concebido un proyecto tan especial.

No existe un equipo mejor que la propia familia. Todas las familias. Pero pocas familias en el fútbol jugaron tan bien juntos como la de Neymar, que es más que un padre, y Neymar Jr., que es más que un hijo. Neymar, que es el Espíritu del Santos Futebol Clube.

¡Amén!

MAURO BETING,
periodista deportivo

Introducción

Conocí a Neymar Jr. poco después de su debut, cuando el equipo del Santos todavía estaba dirigido por Vanderlei Luxemburgo. Recuerdo perfectamente aquel día. Era un partido entre el Palmeiras y el Santos, en el Vila Belmiro. Neymar Jr. había marcado el gol decisivo, con la zurda, en la victoria por 2 a 1 del equipo local. Una anécdota: en la portería contraria estaba Marcos (el Santo Palmeirense).

Neymar Jr. fue sustituido en el segundo tiempo. Yo pedí permiso al entrenador para acercarme al banquillo, me senté al lado del jugador y le pedí que se quitase la bota del pie izquierdo. El gesto me serviría para elaborar la entrada de mi texto (momento en el que la imagen del reportero aparece en el artículo). Recuerdo la mirada del jovencísimo Neymar Jr.; estaba asustado y sorprendido, pero accedió puntualmente a mi petición.

Comenzaba en ese momento una relación de amistad y de profundo respeto mutuo con la entonces promesa santista. Durante los primeros triunfos de Neymar Jr. con la camiseta del Santos, tuve la oportunidad de realizar algunos reportajes especiales con el *crack*. En la meteórica ascensión de aquel chaval iluminado destaca una curiosidad:

Neymar Jr. jamás sería lo que es si no tuviera detrás la figura de su padre. Y lo más bonito de todo es que, si repasamos la vida del padre, la historia que emerge salta a la vista, pues los problemas, los desafíos y las situaciones límite a los que la «familia Neymar» ha tenido que enfrentarse han sido innumerables. Y a partir de una historia tan rica solo puede constatarse lo siguiente: en la carrera del diamante tallado en las categorías inferiores del Santos nada ha sucedido por casualidad.

La idea del libro es mostrar cómo fue el origen de ese éxito. ¿Por qué este joven de peinado exótico es hoy en día la mayor estrella del deporte brasileño? ¿De dónde brota toda esa luz que irradia? ¿Toda esa energía?

Para responder estas preguntas combinamos las declaraciones del padre y del hijo, con la idea de entender el papel y la influencia de cada uno de ellos en la vida del otro y de qué forma esas vidas consiguieron, en una simbiosis perfecta, alcanzar el reconocimiento mundial.

Neymar Jr. posee un talento fuera de lo común, pero el chico podría perderse «en el ambiente del fútbol» si no estuviese guiado de una manera magistral. Y es ahí precisamente donde entra en juego la figura del padre. Al leer *Neymar. Conversación entre padre e hijo*, el lector entenderá la base del éxito de este genio llamado Neymar Jr. y el futuro prometedor que lo aguarda.

IVAN MORÉ,
periodista

De padre a hijo

Me llamo Neymar da Silva Santos. Neymar no es un nombre muy común; sin embargo, imagino que está haciéndose cada vez más conocido y reconocido gracias a una persona muy especial que apareció en mi vida hace veintiún años. Silva Santos, por el contrario, son unos apellidos muy frecuentes. Silva es el más común en Brasil. Incluso ha sido apellido de presidentes. Santos es el otro nombre del que me siento muy orgulloso. Y para mi dicha, que es la de un hombre corriente, una persona sencilla como cualquier brasileño, soy Santos con mucha satisfacción y amor. ¡En todo! Estoy más orgulloso aún de todas las cosas maravillosas que le han ocurrido a nuestra familia. De mi hijo, que ha escrito una página tan bonita, maravillosa y llena de éxitos precisamente en la historia del Santos Futebol Clube, el equipo de mi ídolo Pelé y de tantos otros *cracks* del Vila Belmiro. El club de mis amores. El club de mi hijo.

Pero ningún miembro de nuestra familia ha sido más santista que mi padre, el señor Ilzemar. Él y mi madre eran de Espírito Santo. Capixabas, con mucho orgullo. Pero si hubiera sido por él, habría nacido en la *Vila Mais*

Famosa: nuestro Vila Belmiro. También el mío, pues yo nací en la Baixada, en el mismo Santos. Así como lo hicieron mis hermanos: José Benício, a quien todo el mundo llama Nicinho, y Joana D'Arc, Jane.

Por desgracia, el señor Ilzemar nunca pudo ver a su nieto jugando como profesional, pues nos dejó en mayo de 2008, poco menos de un año antes del debut de Neymar Jr. con el Santos. Mi hijo también heredó ese respeto y admiración por el club, y siempre ha llevado en el campo el recuerdo de su abuelo y su amor por él.

Para Neymar Jr., o Juninho, como lo llamamos la familia, su carrera es una fiesta. Con responsabilidad, por supuesto, pero siempre con alegría. Todo lo que siempre ha deseado en la vida lo obtiene de su profesión. Él tiene suficiente con un campo, una portería y un balón. Con eso es feliz. Nunca lo tuvo fácil; tampoco nosotros. Pasamos muchas penurias hasta alcanzar el bienestar que disfrutamos ahora. A mi hijo nada le ha caído del cielo, a pesar de que no existen dudas de que posee un don divino: el talento. Siempre fue un chico comprometido que mereció el esfuerzo que realizamos su familia y aquellos que creían en él.

Todo deportista profesional vive una realidad que, muchas veces, parece irreal. Esto se debe a la dificultad que entraña debutar como profesional, mantenerse arriba y permanecer en la élite. A ello se añade la particularidad de los deportistas de que cuando se retiran no solo deben cambiar su lugar de trabajo; también han de cambiar de profesión. Es muy duro.

Cuando se alcanza el mejor momento como jugador y como hombre, cuando el deportista es más maduro y responsable, el cuerpo empieza a pasarle la factura de tanto esfuerzo y sacrificio.

Se puede regatear a los adversarios a lo largo de la vida. Pero en esta vida no hay manera de regatear al tiempo. A todos nos llega nuestra hora. Y un guerrero, por definición, quiere ganar. Incluso al tiempo. Y en esa batalla no hay esperanza... Es necesario saber en qué momento parar. ¿Pero quién sabe cuándo llega ese momento? Solo Dios. Tenemos que respetar el tiempo como respetamos a Dios.

Yo, por ejemplo, también jugué al fútbol profesionalmente. Me formé en la cantera del Santos. De los catorce hasta los dieciséis años jugué para el club de mi corazón. Pasé por la Portuguesa de aquí, de la Baixada, y acabé convirtiéndome en profesional en mi querida Briosa. Fui al Tanabi, de São Paulo, siendo todavía muy joven. De allí pasé a un club de la tercera división mineira, el Iturama, cerca de Frutal, donde contraje una tuberculosis muy grave. Estuve un año parado, de los diecinueve a los veinte.

Yo, por ejemplo, también jugué al fútbol profesionalmente. Me formé en la cantera del Santos.

No podía jugar profesionalmente en ese estado, así que decidí volver a casa para trabajar con mi padre en su taller mecánico. Pero entonces recibí una invitación para jugar en el Caneleira, en el histórico Jabaquara, un club tradicional de Santos que tuvo un papel destacado en el fútbol hasta principios de la década de 1960.

Mi padre, el señor Ilzemar, no quería que volviese a jugar al fútbol de manera profesional. Las cosas me iban bien con la venta de coches de segunda mano. Arreglaba vehículos en el taller y me ganaba un dinero vendiéndolos después. Mi padre no quería que dejase el trabajo para volver a probar suerte como futbolista. Pero volví a intentarlo. Me encantaba jugar al fútbol. Y lo hacía más por placer que por dinero. Durante la semana trabajaba con los coches, y el fin de semana jugaba para el Jabaquara. Mi amor por el fútbol era tan grande que jugaba sin cobrar.

Hice cuatro buenos partidos con el Jabuca. Uno de ellos contra el União de Mogi das Cruzes, que estaba en la Serie A-3, que en aquella época era la tercera división del fútbol paulista. El Jabaquara estaba en la cuarta división del estado, en la Serie B-1, la inmediatamente inferior a la A-3. Era una motivación adicional para que me esforzara y demostrara mis cualidades. En aquel amistoso contra el União de Mogi das Cruzes jugué bien... tan bien que el árbitro del partido, el célebre Dulcídio Wanderley Boschilia, me recomendó a los dirigentes del União de Mogi.

¡Lo mejor de todo es que los dirigentes le hicieron caso! Mi padre torcía la nariz en vez de animarme cuando jugaba en el Jabuca. Para él, aquello era más una afición que una profesión. Sin embargo, en ese momento el asunto se volvió más serio y profesional. Fui a Mogi para hablar con los dirigentes del club. Apenas si tuve tiempo de hacerlo: me mandaron directamente al entrenamiento de la plantilla, que estaba ejercitándose en Suzano, ciudad próxima a Mogi das Cruzes y muy cercana a la capital paulista. Modestia aparte diré que me fue muy bien. Jugué en mi posición natural, de extremo derecho. Regateé y colgué centros desde la línea de fondo para mis nuevos compañeros. Hice lo que había estado haciendo para el Jabaquara. Y confieso que, dadas las circunstancias, jugué muy bien en mi debut.

Después del entrenamiento volví a las oficinas del club para reunirme con el presidente. Como en aquel entonces yo no cobraba del Jabaquara, cualquier dinero procedente del União sería bienvenido. Eso ocurrió en marzo de 1989. Me ofrecieron un contrato hasta diciembre de ese año. Y el salario era muy bueno; muy por encima de lo que esperaba. Aunque estaba loco por cerrar el acuerdo allí mismo, fingí un poco, supe hacerme valorar y volví al cabo de un rato. El presidente debió pensar que no me satisfacía la propuesta inicial y casi me dobló el importe del contrato y de la prima de fichaje. Salí de la segunda reunión con el contrato firmado. Y todavía con cara de insatisfacción.

Aprendí mucho de esa reunión. Y jugué muy bien ese año en la Serie A-3. Tanto que el Rio Branco de Americana se interesó en mí. Era un club de una división superior. En diciembre de 1989, diez empresarios de Mogi se asociaron, compraron mis derechos federativos y me ofrecieron al União de Mogi para que permaneciera en el club. Con el dinero de las primas por el fichaje compré una casita para mi padre en la Baixada Santista. Fue la primera vez que me sentí rico, aunque no lo fuera, porque en aquel momento pude devolver a mis padres todo lo que habían hecho por mí y mis hermanos. No existe una felicidad mayor en la vida.

A raíz de mi acuerdo con el club de Mogi das Cruzes, durante el primer semestre jugaba el campeonato del estado para el União y en el segundo me cedían a otros clubes, ya que el equipo no tenía compromisos profesionales el resto de la temporada. De ese modo, durante ese ir y venir de un club a otro, acabé jugando en el Coritiba, el Lemense y el Catanduvense. Siempre salía, pero volvía al União de Mogi.

Yo no era un *crack*. Pero tampoco era un mal jugador. Sabía qué hacer con el balón y tenía una noción del juego. Aunque no siempre conseguimos ejecutar lo que imaginamos. El cuerpo, muchas veces, no acompaña lo que piensa la cabeza. Solo los privilegiados consiguen conjugar ambas cosas (y muy rápido muchas veces) y ejecutar con el balón lo que piensan.

En mi caso, las lesiones me impidieron llegar lejos y provocaron que pusiera el punto y final a mi carrera a los treinta y dos años. Tuve que dejar de jugar de manera profesional muy pronto. Me vi obligado a prescindir de mi pasión, de mi oficio. En aquella época, además de que ya no tenía edad para el deporte profesional, también sufrí los pobres contratos y las malas condiciones de los clubes. Como padre de familia desde 1992, cada vez tenía más responsabilidades. El 11 de marzo de 1996 había nacido la benjamina, Rafaela. Con ella y con Juninho resultaba más difícil desplazarse de ciudad en ciudad y deambular por diferentes clubes, con contratos que no arreglaban la economía familiar con mi mujer, Nadine.

En mi caso, las lesiones me impidieron llegar lejos y provocaron que pusiera el punto y final a mi carrera a los treinta y dos años. Tuve que dejar de jugar de manera profesional muy pronto. Me vi obligado a prescindir de mi pasión, de mi oficio.

Yo ya carecía de las condiciones necesarias para aquello. Andar cambiando continuamente de colegio a mi hijo resultaba agotador para nosotros y pésimo para él. No podía más... Además, la factura que me pasaba mi cuerpo era importante. Cuando conseguía entrenar bien y duro durante la semana, en el momento del partido me dolía todo. Si me reservaba en los entrenamientos, luego no rendía técnica ni tácticamente en el campo. La gente del club creía que estaba tomándole el pelo, escondiendo algo... No se trataba de eso... ¡Jamás! Simplemente no daba más de mí. Los contratos eran cada vez más bajos; me ofrecían menos dinero. Eran contratos de riesgo. Dado mi historial de lesiones, solo conseguía contratos que pudieran anularse en el caso de que acabara en el departamento médico.

No podía permitirme sentir dolor. Tenía que tratarme en casa para evitar que el club se enterase de mis problemas. No podía seguir mintiéndome, y mucho menos engañar a mis jefes. Tenía que tomar una decisión, y eso siempre es lo más difícil cuando estás haciendo lo que te gusta. Poner el punto y final a un sueño infantil, a pesar de que ya era una persona adulta y cabeza de familia, es lo más complicado. Pero no había elección. Tuve que renunciar a mi sueño. Mi carrera como futbolista había terminado.

Para entonces, no obstante, ya tenía una joya en casa. Dos joyas, a decir verdad. Pero una de ellas podía superar mi sueño.

De hijo a padre

Todo lo que soy, lo que tengo, se lo debo a mis padres y a Dios. Me siento afortunado por tener más de un padre. A mi lado tengo, sobre todo, a mi mejor amigo. Me aprieta, pero todo lo hace por mí, por nosotros. Por nuestra familia.

Todos los padres lo son todo para sus hijos. Y en mi caso no es distinto. Mi padre siempre está pensando en lo mejor para todos. Aprendo mucho de sus consejos y opiniones. Es fantástico tener un verdadero profesor de la vida y del fútbol como él. El propio fútbol también ha influido en mi desarrollo. Hoy sé lo que está bien y lo que está mal. A veces la gente comete errores por culpa de la inexperiencia. Mi padre me ayuda mucho a reconocer mis errores, o a evitarlos siempre que es posible.

Mucho más que un agente, representante o consejero, mi padre es mi vida. No solo le debo mi nacimiento, también todos mis triunfos desde entonces. Sé que todavía me queda mucho por aprender, que soy un crío, muy joven. Pero también sé que siempre puedo contar con mi padre como referencia, dentro y fuera del campo. Me fijo en todo lo que hace y dice. Cuántas veces habré pensado en el campo (y en la vida): «¿Qué haría mi padre en una situación así?» Eso siempre me ha ayudado. Mi padre es mi inspiración.

Dentro del campo también me inspiro en otros grandes futbolistas e ídolos. Mi padre me enseñó a prestar atención constantemente para aprender de la gente con más experiencia. Por eso siempre me fijo en Messi, en Cristiano Ronaldo... Y siempre intenté absorber algo de Ronaldo, Robinho, Rivaldo y Romário.

Soy consciente de que me he convertido en una figura pública. Por eso debo tener cuidado con lo que hago dentro del campo y fuera de él. Sé que soy el ejemplo de muchos niños. Tengo una responsabilidad muy grande. Pero me dedico a lo que amo, así que eso resulta menos complicado.

Cuántas veces habré pensado en el campo
(y en la vida): «¿Qué haría mi padre en una
situación así?» Eso siempre me ha ayudado.
Mi padre es mi inspiración.

Lo hago todo a mi manera. No son poses. No finjo. No son estrategias de *marketing* ni intentos de parecer algo que no soy. Me gusta ser auténtico. Me encanta ser cuidadoso con mi aspecto; ser atrevido con la ropa, los zapatos, las gorras y los pendientes. ¡Los chicos de mi generación son así! No veo dónde está el problema. Puedo llevar una cresta más alta de lo normal, pero siempre tengo los pies en el suelo. Esa es mi forma de ser.

Lidio con las críticas de una manera bastante tranquila. No me producen rabia. Sé cuándo necesito mejorar y que todavía me queda mucho por aprender. Pero también sé cuándo la crítica es constructiva o se está exagerando hasta convertirse en un ataque personal. Sé distinguir cuándo se trata de una cosa y cuándo de la otra, a pesar de que los críticos, por su parte, a veces no quieran verlo. Hay que tener paciencia, y también perseverancia, para intentar superarse y lograr que los que hoy te critican te alaben en el próximo partido.

Estoy acostumbrado a las críticas porque tengo un amigo sincero en casa. Llego a casa y pregunto: «¿Qué tal, papá?» Y el señor Neymar no perdona: «¡Ah, hijo, has hecho esto mal, eso otro mal! Pero puedes mejorar.» Así es como se aprende, ¿no? La clave de todo es el diálogo.

Como en el caso de mi padre, a mí nunca me gustó perder. ¡Esa palabra no está en mi diccionario! Siempre traté de dar lo máximo para llevar la alegría a la afición. Asumo la responsabilidad y no me escondo. Quiero el balón. Quiero jugar. No me gusta fallar un gol y detesto desperdiciar una jugada. Me exijo mucho. Pero esa es mi manera de aprender. Siempre pienso que quiero hacer en el estadio lo mismo que hacía cuando jugaba en la calle. Con el mismo espíritu de osadía y alegría.

Mi padre es mi mejor crítico. El mejor y el más duro. Después de los partidos me muestra un montaje con mis jugadas y me da una copia de mi actuación completa para que perfeccione mi juego. Me enseña estadísticas, me señala dónde me equivoqué y dónde acerté y me dice cómo puedo mejorar. Mi padre entiende mucho, así que es una verdadera lección de fútbol. Así es como aprendo. Y le estoy enormemente agradecido por todo ello.

Por un pelo

Febrero de 1992. Estábamos en casa cuando Nadine rompió aguas. Fuimos al hospital y, gracias a Dios, todo transcurrió con normalidad. Parto natural. ¡Era un niño! Solo lo supimos cuando nació. Entonces, hace veintiún años, no teníamos los medios para saber el sexo de antemano. Ya se hacían ecografías, pero dada nuestra situación económica no podíamos permitírnoslas.

Cuando nació nuestro primogénito, sinceramente, no sabíamos cómo íbamos a llamarlo. El nombre favorito era Mateus. Idea de Nadine. Pero no nos decidíamos. Nuestras dudas duraron casi una semana. Durante sus primeros siete días de vida, Juninho no tuvo nombre. Todavía ahora soy un poco así. Me tomo mi tiempo para tomar algunas decisiones. Apuro hasta el último momento... Pero cuando me decido ya no hay vuelta atrás. Cuando fui a registrarlo estaba decidido que se llamaría Mateus. Sin embargo, de camino al registro, cambié de idea... Y se llamó Neymar. Como su padre. ¡Nació, pues, Neymar Jr.!

Nadine y yo vivíamos por aquel entonces en un apartamento alquilado por el União de Mogi, en Rodeio. En él pasé los primeros días de la vida de Juninho, con un miedo terrible de tomarlo entre mis brazos. Aquella cosita frágil que yo no sabía cómo cuidar. Al principio necesitaba que me ayudaran a sostenerlo. Pasado un tiempo, sin embargo, ya me bastaba yo, el padre de Juninho, para cuidar de él. Y sentía celos cuando alguien se quedaba mucho tiempo con mi hijo.

Cuando fui a registrarlo estaba decidido que se llamaría Mateus. Sin embargo, de camino al registro, cambié de idea... Y se llamó Neymar. Como su padre. ¡Nació, pues, Neymar Jr.!

Unos meses después de su nacimiento, en junio de 1992, salimos de Mogi das Cruzes con destino a la Baixada Santista para visitar a la familia. Aquel día había jugado con el União. Juninho apenas si tenía cuatro meses. Nadine y yo íbamos sentados delante y nuestro hijo iba acostado en el capazo, en el asiento trasero de mi coche rojo.

Siempre es peligroso descender la sierra un día lluvioso; más aún si se hace por una carretera de un solo carril de doble sentido. Un coche vino hacia mí. Di un volantazo para arrimarme al arcén. Iba en quinta marcha. Cuando volví a acelerar, el coche todavía avanzaba muy lento a causa de la marcha, y no pude embragar para meter la primera y ganar velocidad. El vehículo nos embistió de lleno, de costado, y se empotró contra mi puerta. Mi pierna izquierda acabó encima de la derecha. Pubis, cadera... todo mi cuerpo se desencajó. Desesperado, empecé a decir a mi mujer: «Me muero, me muero.» Todo sucedía muy rápido. A pesar de que estás viendo todo lo que sucede, no entiendes nada. Peor que el miedo y el dolor fue la sensación que me sobrevino enseguida: ¿dónde estaba Juninho? ¿Dónde estaba mi hijo?

Ni mi esposa ni yo encontrábamos a Neymar Jr. ¡Era tan pequeño que había desaparecido! No estaba delante; tampoco en el asiento trasero. Pensé que la fuerza del golpe podía haberlo arrojado fuera del coche. ¡Aquella cosita pequeña de apenas cuatro meses! No es necesario explicar cómo fueron aquellos momentos. Tampoco sabría hacerlo. Siento escalofríos solo al recordarlo.

Mi mujer y yo estábamos prácticamente seguros de que habíamos perdido a nuestro hijo. Solo consigo recordar que, en medio de aquella desesperación, y con aquel dolor insoportable en la cadera, supliqué a Dios que me llevase a mí en lugar de Juninho. El mayor dolor de mi vida habría sido perderlo. Incomparablemente mayor del que sentía atrapado entre los hierros del coche.

Solo consigo recordar que, en medio de aquella desesperación, y con aquel dolor insoportable en la cadera, supliqué a Dios que me llevase a mí en lugar de Juninho.

Medio coche sobresalía del precipicio. Cerca de allí había un riachuelo. Estábamos colgados prácticamente encima de él. Nadine no podía salir por la puerta del copiloto porque habría caído al precipicio. Tenía que salir por detrás, por la luna trasera del coche. Yo estaba preso por el cinturón. El choque lo había deformado todo. Juninho se había desvanecido. Debajo de nosotros no había suelo.

¡Pero quien tiene fe en Dios cree en todo! La gente que acudió en nuestro auxilio encontró a Juninho debajo del asiento del coche. Había estado allí todo el tiempo. ¡Gracias a Dios! Cuando sacaron a mi hijo estaba completamente ensangrentado. Lo llevaron rápidamente al hospital. Volví a verlo más tarde. A él y a mi mujer. Mi hijo ya estaba limpio. Solo tenía vendada la cabeza. La sangre que había visto se debía a un pequeño corte que se había hecho en la cabeza con un cristal roto. No tenía nada grave. Pero ¿y el tiempo que pasó hasta que supe eso con certeza?

Yo sufrí una luxación muy grave en la cadera. Como no se puede enyesar la zona, los médicos me pusieron una especie de corsé, un artilugio que me mantenía levitando en el aire. Permanecí así en el hospital diez días. Después otros cuatro meses en casa en la misma posición: tumbado.

No volví a sostener a Juninho en mi regazo hasta ocho meses después del accidente, cuando él ya tenía un año. Y cuando ya no lloraba al verme. Al principio le asustaba aquella máquina en el cuarto, conmigo suspendido en el aire. Aquel artilugio aparatoso lo aterraba. Para mí era más horrible y triste no poder tener a mi hijo cerca. Me resultaba muy extraño no poder tocarlo, no poder acercarme a él ni ayudar a mi mujer a cuidar de él.

No conseguía dormirme hasta muy tarde, después de que lo hicieran mi hijo y mi mujer. Cuando me vencían el llanto y el sueño. Era horrible no poder sentarse ni moverse siquiera. Sentía pavor al pensar en mi futuro como futbolista profesional después de una experiencia así.

Tal vez eso, de alguna manera, me preparó para el futuro de Neymar Jr. Estoy agradecido por haber sufrido aquel accidente. Mi fe y mi paciencia ahora son mayores. Agradezco enormemente a Dios cada momento de sufrimiento que he tenido en mi vida. Es mucho mejor pasar uno mismo por algo así que ver padecer a los hijos un sufrimiento similar. Tal vez no podría soportar de la forma que soporté las cosas que me ocurrieron si le ocurriesen a alguno de mis hijos.

Era horrible no poder sentarse ni moverse siquiera. Sentía pavor al pensar en mi futuro como futbolista profesional después de una experiencia así.

Mi mayor motivo de orgullo y satisfacción es ver que a Neymar Jr. y a Rafaela solo les ocurren cosas buenas. Si tuviese que pasar de nuevo por todo aquello, no cambiaría un segundo de mi vida, ni una coma del relato de mis experiencias.

Gracias a Dios y a las personas que nos ayudaron después de lo sucedido, nuestro pequeño sobrevivió a aquel accidente. Como siempre repite Juninho: «Dios nos iluminó aquel día. Y lo sigue haciendo desde entonces, y también desde antes.»

Primeros partidos

Mi padre fue quien me presentó al balón. Y empecé a jugar al fútbol de verdad, a dejar de correr sin sentido detrás de la pelota, como si fuese un juego más, gracias a que lo acompañé a un partido en concreto como cualquier otro de su equipo.

Mi padre estaba jugando en serio en el campo y yo corría por la grada mientras veía el partido. Más bien correteaba y jugaba como un niño, aunque corría más que mi padre dentro del campo. Subía y bajaba las escaleras de las gradas. No había manera de que parara quieto. Lo más gracioso de aquel día es que no iba dando patadas a una pelota. Simplemente corría. Entonces apareció Betinho, un entrenador con mucha experiencia y muy preparado del Santos. Se fijó en mi manera de correr y le gustó. Le pareció que podría llegar a ser futbolista. O que por lo menos no se perdería nada en el intento.

Betinho habló con mis padres y convenció al señor Neymar de que podría entrenar con él. Ese fue el empujón inicial. Así empezó todo. Fue estupendo contar con la ayuda y las enseñanzas de Betinho desde el principio. Él y mi padre me pusieron en el camino correcto y me ayudaron a ser lo que soy. ¿Cuántos chicos con talento no alcanzaron lo que prometían por falta de orientación? Se oyen continuamente casos así y son ciertos: chicos que tenían potencial y no se convirtieron en jugadores profesionales porque carecían de un orientador que explotara su don.

Yo tuve la suerte de contar con un maestro como mi padre siempre cerca de mí, dentro de casa. Y tuve profesores como Betinho, quien vislumbró mi talento, pulió mis virtudes y corrigió mis defectos. Tener humildad para escuchar a quien sabe más, a quien ha vivido más, es una manera muy buena de aprender. La experiencia es fundamental en la vida.

Yo tuve la suerte de contar con un maestro como
mi padre siempre cerca de mí, dentro de casa.
Y tuve profesores como Betinho, quien vislumbró
mi talento, pulió mis virtudes y corrigió
mis defectos.

Sin embargo, la improvisación también es necesaria en el fútbol. Es algo que aprendí desde muy pequeño en el fútbol sala. Se puede tener una idea y entrenarla fuera de la pista y del campo, pero es dentro de ellos donde la idea se hace realidad. O no. En esos momentos hay que tener la sensibilidad para acertar con el momento preciso de cada jugada. Muchas ideas que llevé a cabo en el fútbol sala, e incluso en el fútbol, como profesional, salieron bien gracias a la osadía. El secreto está en «entrenar» la improvisación. ¿Cuantas veces habré entrenado una jugada en casa? Agarraba el balón, colocaba unas sillas, la mesa y regateaba todo lo que veía y me aparecía delante.

Toda mi infancia transcurrió así en la casa donde vivía con mis padres, la casa de mi abuelo Ilzemar. Allí dormía con mis padres y mi hermana en una habitación. Cuando alguien entraba en el cuarto se encontraba con el colchón en el que dormíamos los cuatro a la izquierda. Enfrente de él había un baúl para guardar algunas cosas y un armario. Había un espacio pequeño entre donde dormíamos y el armario. En ese minúsculo pasillo me ponía yo con la pelota. Y también encima del colchón. El campo era ese espacio pequeño y el colchón. Me encantaba darle patadas a la pelota allí. Y también jugar en la cama como portero. Como el espacio era más bien reducido, también me gustaba jugar de portero. Pero solo en aquellos primeros «partidos oficiales» en casa de mi abuelo.

Mis primas también jugaban. Es decir... Formaban parte de mi juego. Jeniffer era un poste. Rafaela, mi hermana, también me hizo de poste durante algún tiempo. Lorrayne y Rayssa eran los rivales. O una especie de pajaritos torpes, con todos mis respetos. Mis primas se colocaban en medio como si fueran obstáculos. A veces incluso se ponían camisetas de equipos de fútbol para crear la sensación de que estaba jugando un partido de verdad contra ellas.

El otro día hice una sesión de fotos para una campaña publicitaria. Al final pedí quedarme, como siempre hago, el balón que utilizamos durante la sesión. Fui haciendo malabarismos con él hasta el ascensor. Como no había nadie dentro del ascensor, continué dándole toques hasta la planta baja. Allí encontré a dos niños que me pidieron autógrafos. Paré para hacerme unas fotos con ellos y enseguida me puse a jugar otra vez con el balón. Llegué hasta el coche dando patadas a la pelota. No sé vivir sin una pelota. Es así desde los tiempos de la casa de mi abuelo. Desde que recuerdo.

Más tarde, en la casa que mi padre consiguió construir en Praia Grande, en el Jardim Glória, el «campo» era sencillo. Una de las porterías era la puerta del fondo. Se puede decir que era el «fondo» de mi estadio. La otra estaba en el cuarto. Yo montaba mis partidos, mis campeonatos. Agarraba el balón y me ponía a jugar. También narraba mis jugadas. Jugaba, narraba y hacía los gritos de las gradas. Y celebraba el gol de Neymar. De Neymarzinho. ¡Yo!

Ahora añoro todo eso... Incluso pitaba «faltas». Cuando salía regateando y chocaba con el sofá protestaba al «árbitro». Por supuesto se trataba de un árbitro imaginario, pero yo jugaba como si fuera un partido de verdad.

Mi entrenamiento consistía en tomar una pelota pequeña y chutarla contra la pared. Cuando se me cansaba la pierna derecha, mi preferida, le daba con la izquierda. Luego empezaba con el muslo derecho. Y después con el izquierdo. Luego amortiguaba el balón con el pecho. De ahí pasaba a entrenar la cabeza. No solo para rematar y marcar gol, también para mantener la pelota quieta encima de ella. No era fácil. Pero me lo tomaba como un juego. Sin darme cuenta de ello, divirtiéndome, fui mejorando.

También evolucioné mucho jugando con la pelota en la playa. Mi padre buscaba un hueco cuando podía para que diéramos unas patadas al balón en la arena. Él me enseñaba cómo y con qué tenía que chutar. Me agarraba el pie y me decía: «Con esta parte tienes que golpear el balón.» Yo ejecutaba sus consejos. La zona de mi pie que él tocaba era la que debía entrar en contacto con la pelota.

Pero una vez me pasé... Mi padre había hecho en nuestra casa un pequeño campo de fútbol que estaba muy bien. Él mismo había allanado el terreno y luego plantado un césped fantástico. Un día invité a mis amigos a pasar la tarde jugando al fútbol conmigo. Había llovido y el césped todavía no se había asentado. Resultado: nos cargamos la hierba. Yo ya me imaginaba a mi padre, llegando tarde del trabajo y echándome la bronca por el barrizal que habíamos dejado. En esos momentos hay que tener presencia de ánimo. U olvidarse de él, no sé. Solo sé que las siguientes dos semanas me fui a «dormir» más temprano. Esos días mi padre volvía a casa y se encontraba con que me había ido a «dormir» más pronto de lo habitual.

Además de destrozar el césped de mi padre, también me gustaba jugar a ser directivo. Organizaba torneos, tenía clasificaciones, campeonatos con fases de grupos. Semifinales, final, trofeos. Así empecé a ganar partidos y campeonatos imaginarios. Soñando que algún día fueran reales.

Jamás olvidaré mi pequeño campo de Praia Grande. Mi playa. ¡Cómo sufrían las puertas de los vecinos! También hacían de porterías. Y las macetas de mi madre. Entonces... el problema era que ella sí que me echaba auténticas broncas. Y con razón, ¿no? Mi madre se metía en casa hecha una furia porque yo chutaba la pelota contra cualquier cosa, y mis disparos no siempre eran perfectos. Ya empezaba a ver que...

Jamás olvidaré mi pequeño campo de Praia Grande.
Mi playa. ¡Cómo sufrían las puertas de los vecinos!

Como madre, siempre cuidando las cosas con mucho mimo, me suplicaba: «Hijo, no puedes hacer eso.» Pero lo bonito es que nunca me impidió jugar al fútbol. Todo lo contrario. Mi madre me animó tanto como mi padre. Su padre, mi abuelo Arnaldo, también había jugado al fútbol. Nunca lo conocí, pero debió ser guerrero, como mi madre. Siempre lo dio todo por nosotros. No solo me dejaba jugar en casa, también me llevaba a los entrenamientos cuando mi padre no podía porque estaba trabajando duro. También en eso soy un privilegiado. Mis padres siempre hicieron todo lo que estuvo en su mano para que yo fuese feliz. De no ser por ellos, este libro no existiría. Esta historia apenas sería un sueño infantil más.

Trabajo honrado

El amor que siente Juninho por lo que hace no se centra en exclusiva en el fútbol, se extiende al objeto, al balón. Es impresionante. Ama el instrumento de su deporte por encima de todas las cosas. Por eso digo que es un jugador de balón antes que de fútbol. Para ser un *crack* debe ser así. Te tiene que gustar el balón. Hay que amarlo. Y Neymar Jr. siente respeto y admiración por él. Solo puede querer ser un buen profesional quien conoce la herramienta con la que trabaja. Aún más: quien ama probar todas las posibilidades de su herramienta de trabajo.

Normalmente un niño no se apasiona por el fútbol; lo hace por el balón. El niño juega en el salón, en el patio, en cualquier lugar. No le importa si el espacio es estrecho o si tiene cerca algo que pueda romperse. El niño quiere la pelota. Quiere disfrutar de lo que es un juego y que después puede convertirse en algo serio. Como sucedió con mi hijo.

Una persona que juega al fútbol reconoce a un buen jugador en cuanto le ve dar el primer toque al balón. Mário Américo, que fue masajista de la selección brasileña durante mucho tiempo, en la edad de oro de nuestro fútbol, decía que «se reconoce a un *crack* simplemente por su manera de andar». Puedo afirmar que yo ya veía que Neymar Jr. tenía aptitud para el fútbol antes incluso de que anduviera; cuando todavía gateaba.

Puedo afirmar que yo ya veía que Neymar Jr. tenía aptitud para el fútbol antes incluso de que anduviera; cuando todavía gateaba.

Con unos tres años vi que la cosa era más seria de lo que pensaba. Juninho me devolvía la pelota inmediatamente cuando se la lanzaba en el típico juego de pasarse la pelota entre padre e hijo. Para él no se trataba de un juego más. Era una cosa seria. No se quedaba con la pelota. No era egoísta. ¡Me la devolvía inmediatamente! Un niño normalmente chuta y juega solo. Algunos incluso utilizan las manos durante esa fase de «es mía». Juninho, no. Él jugaba al fútbol. Quería dialogar con la persona que estaba con él mediante la pelota. Se comunicaba a través de la pelota. Sabía que necesitaba un compañero para jugar, para hacer una pared. En el campo de juego aprendía muy rápido. Era como si ya supiera, como si fuera algo instintivo. En los primeros partidos ya se veía que era diferente, no solo por su habilidad, también por la idea general del juego. Esa cosa de veintiún chavales alrededor del balón y él, destacado, a la suya, esperando la mejor jugada, en el mejor lugar.

Me di cuenta de su talento para el juego y empecé a enviarle pases más difíciles, más fuertes, más desviados, para que los controlara. Y el niño dominaba el balón y devolvía el pase en la dirección acertada. Juninho lo hacía todo bien. Sabía adónde mandar el balón y qué hacer con él. Yo, como futbolista profesional, había sido extremo derecho. Tenía un buen regate, pero no era un gran finalizador. Marqué pocos goles en mi carrera. También porque le daba fatal con la zurda. El pie izquierdo, como suele decirse, solo lo utilizaba para subir al autobús. O ni siquiera para eso. Ahora bien, en Neymar Jr. era distinto. De niño ya lo hacía casi todo. Muy pronto vi que Juninho tenía potencial.

Le gustaba tanto el fútbol que empezó a acumular balones. Tenía más de cincuenta en casa. Balones de todas las clases. Buenos, horribles, nuevos, viejos, inflados, desinflados. Con tantos balones alrededor casi no entraba en la cama. Los que no le cabían los dejaba por la habitación y por el salón. Tenía además un saco lleno. Le gustaban todos, pero los que más eran los pequeños, con los que resultaba más complicado jugar y eran más difíciles de dominar.

No conservo el recuerdo de la primera vez que le di una patada a una pelota. La historia se repite con Juninho. Pero en la vida, cuando solo nos dedicamos a una cosa, cuando la amamos y soñamos con ella, basta con decir que siempre la hemos hecho. Ese es el caso de Juninho con el fútbol. Un caso de amor por la pelota.

Yo tuve la misma relación con el balón, pero se rompió con el accidente de tráfico en junio de 1992. Prácticamente no pude caminar en un año. El accidente acortó mi carrera de futbolista profesional, que terminaría definitivamente en 1997. Gané el campeonato de Mato Grosso con el Operário de Várzea Grande. En el partido definitivo ganamos al União de Rondonópolis por 2 a 1. Eso fue el día 3 de agosto de 1997. Lo celebramos con una gran fiesta, y justo después me retiré.

A principios de 1998, menos de seis meses después de mi último título estatal, me presenté a un concurso de ofertas de trabajo de la Compañía de Ingeniería de Tráfico (CET en sus siglas en portugués). Como siempre me han gustado los coches y había trabajado mucho tiempo en el taller mecánico de mi padre, me pareció que la CET era un lugar idóneo para empezar una nueva vida después de colgar las botas.

Aprobé el examen y conseguí la plaza. Sin embargo, el trabajo no estaba relacionado con mi experiencia y mis gustos, es decir, con los coches. Se trataba de un empleo como ayudante de albañil. En los servicios generales. Trabajaba en obras para el Ayuntamiento de Santos. La CET estaba remodelando las paradas de los autobuses de la ciudad. Yo era uno más de los trabajadores que participaban en la construcción de las nuevas marquesinas en las paradas. Finalizaba los suelos, daba el toque final a las marquesinas, colocaba las baldosas de mosaico portugués, insertaba los postes, cosas así.

No era lo que quería, pero era lo único que podía hacer en aquella primera mitad de 1998. Tras cuatro meses de trabajo duro, conseguí un empleo mejor dentro de la empresa. La CET subcontrataba la manutención de los vehículos. Como yo entendía de motores, cubrí las vacaciones de un amigo electricista llamado Juvenal. Me fue bien, y enseguida empecé a encargarme de las motos de la Policía Militar y de la CET. Dejé la empresa en 2009, cuando era el jefe del departamento de mantenimiento de los vehículos. Lo dejé todo para centrarme en la carrera de mi hijo. Él, si Dios quiere, continuará trabajando con seriedad y tendrá un final de carrera bastante mejor que yo, que en un breve intervalo de tiempo pasé de ser campeón del estado a picar piedra para el ayuntamiento.

Dos trabajos dignos y honrados, pero totalmente opuestos. Había que poner un plato de comida sobre la mesa. Ganaba el salario mínimo. Para complementar mi sueldo empecé a vender purificadores de agua Panasonic. Había que trabajar duro. Y resulta que unos años después firmo el contrato con esa compañía para que Neymar Jr. sea su imagen publicitaria. ¿Quién iba a imaginarse entonces algo así?

Dos trabajos dignos y honrados, pero totalmente opuestos. Había que poner un plato de comida sobre la mesa. Ganaba el salario mínimo.

Trabajé muy duro por mi familia. Nunca disfruté de una comodidad económica como deportista profesional, pero pude contribuir a que se hiciera realidad el sueño de mi hijo. Gracias a Dios, a la buena suerte y a la enorme cantidad de amigos que tengo, soy un tipo alegre. Tengo grandes amigos en todas las partes. Personas que siempre me ayudaron, personas a las que siempre intento ayudar. Tengo un montón de amigos. ¡Menos mal!

Cuando empecé en la CET, en 1998, hacía otros trabajos para salir adelante. Los fines de semana me dedicaba al transporte con una vieja Kombi. Cuando tomaba una curva, la gente que iba en el asiento trasero tenía que sujetar la puerta para que no se abriera... Así acabé conociendo a algunos compañeros que me presentaron a gente de dos clubes de la vega, en Praia Grande, en la Baixada Santista. Uno de esos amigos dueños de un club, Toninho, era agente de aduanas y tenía el campo en el Jardim Real. El otro era un constructor llamado Jura que tenía la sede de su club en el Melvi.

Yo tenía un terreno en Praia Grande, una propiedad de doce por treinta en la ciudad. Mi sueño era construir una casa en aquel trozo de tierra. Era todo lo que me quedaba de mi carrera como futbolista profesional: un terreno de doce por treinta en Praia Grande. El terreno estaba pagado, hasta el último céntimo, pero me faltaba el dinero para comprar los materiales de construcción. No tenía los medios para levantar una casa para mi mujer y mis hijos.

Pero con amigos como los que yo tengo, cualquier sueño puede hacerse realidad. Toninho consiguió los materiales; todo lo necesario. Y Jura contrató la mano de obra para levantar la casa. Todo a cambio de mi talento como jugador de fútbol al servicio de sus clubes. Los sábados jugaba con un equipo y los domingos con el otro. Jugando en la vega pude conseguir la casa de mis sueños en Praia Grande. Esas dos personas me ayudaron mucho en aquella ocasión. Y todavía hoy continúan haciéndolo.

He pasado por momentos muy difíciles. Hubo una época en la que no teníamos dinero ni para pagar la factura de la luz y nos la cortaron. Lo gracioso es que a Juninho y a Rafaela les divertía la situación. A diferencia de los adultos, no veían la hora de que cayera la noche, cuando teníamos que encender las velas. Les parecía lo más divertido del mundo. Correteaban por la casa y se lo pasaban bomba. Yo no podía lamentarme por ello. A fin de cuentas, lo que teníamos en aquella casa sin luz no tiene precio: amor. Así se construye un hogar, una vida. Con amor. Con cariño. Con unión. Con paciencia. A pesar de la situación económica, los lazos de nuestra familia se hicieron aún más fuertes, nuestra felicidad creció.

> Yo no podía lamentarme por ello. A fin de cuentas,
> lo que teníamos en aquella casa sin luz
> no tiene precio: amor.

Después de haberme retirado del fútbol, cuando ya trabajaba en la CET, todavía me llegaban algunas propuestas para hacer lo que más me gustaba: jugar profesionalmente. Pero algunas apuestas eran arriesgadas. Podía perder mi trabajo y no ganar lo suficiente. El fútbol profesional ya no era para mí. No había vuelta de hoja. Sin embargo, decir «no» en aquellas circunstancias era aún más doloroso. Por el bien de la realidad, de nuestra estabilidad económica, de mi familia, de mi padre, tenía que rechazarlas. Debía renunciar a mi sueño. Había que ser realista. Y eso me dolía más que mi cuerpo en los entrenamientos y los partidos.

A veces salía de la CET llorando. No era por el trabajo que hacía, sino por el fútbol que ya no podía practicar profesionalmente. Era un dolor comparable a la derrota en la lucha por un título, en un partido importante. Peor aún, porque ni siquiera estaba sobre el césped... Tenía que ganarme la vida y luchar de otra manera. Por mí y por mi familia. Para quien odia perder, no poder jugar es todavía peor. ¡Había perdido el derecho de poder perder un partido de fútbol!

El juego de la vida puede ser cruel. Pero más cruel aún es eludir la lucha. Y no soñar. Yo nunca he dejado de hacerlo. Continúo soñando. Y permitiendo que mis hijos también lo hagan.

Santos, siempre Santos

Vi a mi padre jugar en la vega desde que tenía seis años. Siempre quería jugar, luchaba por la victoria. Siempre fue muy concienzudo. Aprendí mucho de eso. Para obtener resultados hay que tomarse en serio todos los entrenamientos y jugar todos los partidos.

Desde niño aprendí a no regatear gratuitamente y siempre me esforcé en ser responsable y respetar al contrario. Mi padre siempre me dice: «Muévete, hijo. Amaga para ambos lados, agota a tu rival, nunca te quedes parado. No te dejes vencer por la comodidad, si lo haces estarás facilitando la labor de tu marcador.» Mi padre me enseñó que algunos jugadores de una gran habilidad a menudo se pierden en regates frívolos. Les cae la pelota en un lado del campo, le dan unos toques sin dejarla caer al suelo en el centro del campo y, del gol, que es lo que cuenta, ¡nada! ¿Cuántas veces el exceso acaba siendo perjudicial? Lo único que se consigue son broncas de los compañeros, la reprimenda del entrenador y el enfado de la afición.

Sé lo que es eso y también lo sufro. Como aficionado y como deportista. Para ganar hay que esforzarse. Sé que el fútbol no es un partidillo en la playa con los amigos. Es necesario jugar con la alegría con la que disputas una pachanga con los amigos y, al mismo tiempo, ser consciente de todo lo que rodea el fútbol profesional. Hay que tener en cuenta a la enorme cantidad de aficionados y a la institución centenaria, que es su club, que te ofrece todas las condiciones necesarias para que desarrolles tu trabajo. Y luego también están los patrocinadores y los socios que creen en ese trabajo y lo sustentan.

Y todo eso fue lo que, gracias a Dios, tuve desde que llegué al Santos. Zito, que perteneció al glorioso equipo del Santos de las décadas de 1950 y 1960, fue quien me llevó al club. Yo había jugado en el Gremetal y en el Tumiaru de São Vicente. El señor Zito me vio jugando al fútbol sala y movió cielo y tierra para sacarme del Portuguesa Santista y llevarme al Vila Belmiro.

Jugué al fútbol sala desde los siete años hasta los doce. A jugar al fútbol en un campo grande empecé más tarde. Desde pequeño, a pesar de que era muy delgado, jugué en una categoría superior a la que me correspondía por edad. Eso me fue genial para ganar experiencia. Cuando tenía la edad de alevín, ya jugaba con los infantiles, y así sucesivamente. Lo peor de todo, sin embargo, eran los grandullones que superaban la edad permitida. Los famosos «gatos» del fútbol. Esos sí que me daban leña para intimidarme. La gente decía en broma que algunos jugadores sub-15 tenían a sus hijos en la grada. Era imposible que tuvieran menos de quince años. Lo bueno era que siempre contaba con un compañero o un entrenador para ayudarme. El señor Lima, el fantástico jugador polivalente del equipo de Pelé y nuestro entrenador, siempre venía a hablar conmigo y con mi padre sobre ese tema. Recuerdo una vez que vino a interesarse por si estaba bien después del partido porque yo había recibido «de un tipo de treinta y dos años» del equipo sub-15 contrario. Era divertido, aunque lo pasaba mal.

En aquella época, cuando llegué al club, en el Santos no existían los equipos sub-13 que hay ahora. La creación de esa categoría fue una idea del señor Zito para que tanto yo como otros compañeros pudiésemos desarrollarnos en las categorías inferiores del club. Fue fantástico en todos los sentidos. Empecé a cobrar un salario. Ya desde los tiempos del fútbol sala ganaba algún dinerillo.

Empecé a cobrar un salario. Ya desde los tiempos del fútbol sala ganaba algún dinerillo.

Al principio, con siete años más o menos, consistía en un lote básico de equipamiento para jugar al fútbol. Cuando las escuelas pudieron invertir, introdujeron las becas de estudios. Y lo mejor de todo: yo siempre recibía el doble. Porque mi padre negociaba bien y conseguía las becas para mi hermana y para mí. También en eso es un *crack*. Incluso consiguió que le pagaran la gasolina al profesor Betinho. Después de todo, nuestro entrenador también fue durante mucho tiempo mi medio de transporte. Como mi madre y mi padre tenían que trabajar, Betinho me llevaba y me traía de casa al club. No solo a mí. Nuestro entrenador y conductor también trasladaba a otros compañeros que vivían en los alrededores. El tipo nos llevaba de verdad. Y siempre nos decía a la pandilla, después de un día de entrenamiento y estudio: «Ahora a descansar, ¿de acuerdo?» Está bien... No hace falta decir que mis amigos y yo esperábamos a que Betinho desapareciera para ponernos a jugar con la pelota en la calle, en casa, o donde se pudiera. Incluso donde no se podía.

La inversión del presidente Marcelo Teixeira en el Centro de Treinamento Meninos da Vila fue fundamental para que me quedara en el Santos. Y para la llegada de nuevos talentos. No hay nada mejor que estar donde te quiere la gente. En casa, en tu hogar. Me sentía muy cómodo en el Santos, donde me acogieron con once años. Era mi casa. En el club solo tenía que preocuparme de jugar al fútbol. Siempre hicieron todo lo posible para que yo fuera feliz. En esa rutina frenética de entrenamientos, partidos, viajes y estudios, necesitaba a alguien más cercano que me apoyara en casa. Mi padre, a pesar de que me ayudaba en todo, seguía trabajando en la CET. De modo que, con la ayuda económica que ofrecía el club, mi madre pudo quedarse en casa conmigo, cuidando de mí.

Me sentía muy cómodo en el Santos, donde me acogieron con once años.

Para mí no hay nada más grande que el Santos. Y siento lo mismo por la selección brasileña. Es más grande que todos nosotros juntos. Y esa sensación será igual en el Barcelona. Una de las mejores cosas que ofrece el fútbol es la enseñanza de esa sensación de colectividad; ese sentimiento de todos para uno, y los once para millones de aficionados.

Es algo más propio de un hincha que de un jugador profesional. Es un sentimiento de amor verdadero. En ese sentido, mi padre dice que soy igual de hincha que de jugador, que dentro del campo dejo salir ese sentimiento. Y me parece perfecto que sea así. Quiero entregarme al club que amo como si fuera un hincha. Y lo mejor de todo es que, tanto en el Santos como en el Barcelona, el método de trabajo siempre ha sido valorar los recursos propios, a los chavales que han crecido en el seno del club. Eso genera una gran afinidad y facilita la compenetración. Por lo tanto, crea las condiciones óptimas para que los jugadores se lleven bien dentro y fuera del campo.

Cuando el futbolista juega para un club que le gusta, con el cual siente tanta afinidad e identificación, no solo quiere ganar los partidos, también quiere agradar a su gente, a los hinchas, al club. Por eso acabamos poniendo mucha más pasión en lo que hacemos. No solo buscamos vencer, sino también convencer. Nuestro objetivo es dar una alegría a los hinchas. Los grandes equipos de jugadores formados en las categorías inferiores de su club no son solo equipos vencedores, también son equipos que da gusto ver jugar aunque seas hincha de otro club. En eso tiene mucho que ver la compenetración. Es como una comida casera. Es más sabrosa. Más rica. Está hecha con más amor.

Es una receta que da muy buenos resultados. Ya lo viví en el Santos. Y espero que siga siendo así en mi nuevo equipo. En mi nuevo hogar.

Real Madrid

El dinero no permite locuras. Hay que ahorrar. Por eso soy muy cauto con las cuentas de mi hijo. Tengo que darle tranquilidad para que brille en su trabajo. Neymar Jr. tiene que jugar al fútbol. Y yo tengo que encargarme de la parte burocrática para que así sea. Él no se preocupa de cuánto gana. Yo sí, y trabajo para que mi hijo no deje de prosperar fuera del campo del mismo modo que lo hace dentro del terreno de juego.

No se trata de avaricia, sino de responsabilidad. Quiero lo mejor para mi hijo, para su familia, para nuestra familia. Por eso trabajo tanto para él. De igual manera que él trabaja para nosotros. Desde que entró en el primer equipo del Santos, en 2009, y empezó a ser acosado por todo el mundo, yo pasé a controlar todavía más todos sus asuntos. Todo lo que gana y lo que gasta. Me gustaba bromear, hablando en serio, que de vez en cuando le daba diez reales para que se tomara un helado. En realidad era un poco más, pero no mucho.

Para ser jugador de fútbol hay que tener los pies en el suelo y la cabeza en su sitio. Hay que ser precavido con el bolsillo para no dejarse llevar por el dinero en un período tan breve de vida y de carrera. Neymar Jr. tuvo contrato con el club desde los once años. Para nosotros tiene mucho valor el reconocimiento que mi hijo siempre recibió del Santos. Tanto que, en marzo de 2006, podría haberse convertido en jugador del Real Madrid. Pero Neymar Jr. no quiso. Nosotros no quisimos.

Para ser jugador de fútbol hay que tener los pies en el suelo y la cabeza en su sitio.

La persona que nos trajo la propuesta del club español fue nuestro representante, Wagner Ribeiro, a quien nos presentó Betinho. Wagner, agente de éxito y muy respetado en todo el mundo, se había quedado impresionado con el talento de Juninho. Tanto que desde muy pronto apostó por él. Cuando mi hijo tenía unos doce años fuimos al despacho de otro famoso representante de futbolistas, el uruguayo Juan Figer. Él y Marcel Figer, su hijo, pasaron a ocuparse de Neymar Jr. Negociamos un contrato, y Wagner nos pagaba un dinero todos los meses.

La verdad es que no era mucha cosa, pero si le sumábamos mi sueldo en la CET y la ayuda económica que el Santos ofreció a Juninho para que continuara en el club, nuestra calidad de vida mejoró notablemente, y así mi esposa pudo dejar su trabajo. Con Nadine en casa, Neymar Jr. ya tenía a alguien que le preparara la comida antes del entreno. Juninho ya no tenía que calentarse solo la comida en el horno.

Todo iba sobre ruedas. Hasta que Wagner Ribeiro se distanció del Santos Futebol Clube a causa de la larga negociación del fichaje de Robinho por el Real Madrid.

Ante lo ocurrido, se nos acercaba gente que nos decía que Juninho no continuaría en el Vila Belmiro si Wagner Ribeiro seguía siendo nuestro representante. Fue duro. Neymar Jr. se dejaba la piel en los entrenamientos y en los partidos y algunas personas querían echarlo del club solo porque Ribeiro trabajaba conmigo. ¡Era absurdo!

No me parecía bien, porque Wagner Ribeiro estaba ayudándonos mucho. Aprendí mucho con él. Fui directo a su despacho. Lo que estaba sucediendo no era de recibo. Había apostado por mi hijo desde el principio. Estaba haciendo mucho por nosotros. No estaba bien dejar de trabajar con alguien por la presión de terceras personas. No era correcto despedirle solo para quedar bien. Nosotros no teníamos nada que ver con sus problemas con el Santos ni viceversa. Pero por encima de todo teníamos un compromiso firmado con nuestro agente y le habíamos dado nuestra palabra. Eso tenía más valor que cualquier otra cosa. Con lealtad también se logran victorias fuera del campo. Solo con lealtad se puede ganar en todos los ámbitos de la vida.

Después de eso, cuando Neymar Jr. tenía trece años, a Wagner Ribeiro se le presentó la oportunidad de llevarlo a una prueba con el Real Madrid. Así viajamos en avión por primera vez. Mi hijo y yo pasamos diecinueve días en España. El Real Madrid presentó una oferta parecida a la que el Barcelona había hecho por Messi cuando era niño. Era una apuesta de futuro. El Real Madrid se llevaría a Neymar Jr. a Madrid y él crecería en España. Como hombre y como deportista. ¡La oferta económica era muy buena para tratarse de un chico de trece años!

Al cabo de seis días en Europa, ni Juninho ni yo aguantábamos más. No podíamos más. Todo nos parecía igual. O todo era distinto para nosotros. En esos momentos es cuando el sentimiento paternal tiene que saltar al terreno de juego. Yo poseía los recursos para soportar la nostalgia de casa; ya había pasado por muchos momentos difíciles en mi vida. Soy adulto; un hombre hecho y derecho. Pero mi hijo solo era un chaval de trece años. Para mí, como para cualquier padre, todavía era un bebé. Era y lo será siempre.

Dejarlo en Europa, aunque le pagaran bien y le ofrecieran la posibilidad de lograr objetivos aún mayores, suponía una tortura para un chico de trece años. En la vida, a veces hay que meditar muy bien las decisiones. Como padre de un futbolista, además de su agente, hay que tener amplitud de miras. Se deben sopesar las cosas. Todas las decisiones tienen un lado bueno y otro malo. No existe nada que sea un 100 % o un 0 % de lo uno ni de lo otro. Hay que encontrar el equilibrio. Siempre hay que tener en cuenta que, a veces, no estás perdiendo algo. Simplemente estás dejando de ganarlo en un determinado momento. Es muy importante tener presente esa idea y aplicarla en todas las circunstancias de la vida.

Dejarlo en Europa, aunque le pagaran bien
y le ofrecieran la posibilidad de lograr objetivos
aún mayores, suponía una tortura para un chico
de trece años.

Eso fue lo que ocurrió cuando fuimos a Madrid. Dejamos de vivir allí desde que Juninho tenía trece años. Pero solo hay que ver lo que ha conquistado desde entonces, tanto con el Santos como con Brasil. Y todo lo que va a ganar ahora en el Barcelona. ¡Valió la pena! Cuando pienso en el pasado siento que tomamos las decisiones correctas. Y no fue fácil decir que no. El primer día ya enviaron a Juninho a entrenarse. ¡Cómo jugó! En diecinueve días marcó veintisiete goles en los entrenamientos.

A los tres días ya habíamos alcanzado un acuerdo total con el Real Madrid. El contrato estaba redactado. Todo perfectamente pactado. Teníamos el colegio para Neymar Jr. y para Rafaela. Estaba todo decidido. Solo faltaba la firma de la madre. Nadine tenía un billete para ir a España con Juninho y conmigo, pero había preferido quedarse en Santos con nuestra hija.

Sin embargo, al poco tiempo, ni siquiera había pasado una semana, Juninho parecía triste. Añoraba nuestra casa. Echaba de menos a la familia, los amigos, el colegio, la ciudad y al Santos Futebol Clube. Sentía nostalgia de todo. La comida era buena, pero nos acordábamos del arroz y las judías. No hay dinero que pueda pagar eso. Cada día veía a Neymar Jr. más triste. Todo se le hacía cada vez más cuesta arriba. A pesar de las facilidades que nos proporcionaban, me pareció que todavía no era el momento. Juninho estuvo de acuerdo conmigo. Y así se hizo. Nos quedamos en Santos. Para nuestra alegría, volvimos a casa. Decidió el corazón. No me importaba saber si estábamos dejando de ganar mucho dinero. Solo quería que él siguiera jugando al fútbol con felicidad. Y aquellos días no estaba feliz. No había en Madrid ni en todo el mundo el dinero suficiente para comprar la felicidad de mi hijo.

La decisión se tomó pensando únicamente en Juninho. Yo noté, como padre, su estado de ánimo y hablé con Wagner Ribeiro y con el señor Zito, del Santos, para decirles que queríamos volver. Wanderley Luxemburgo también quería que Juninho se quedase. Él había trabajado en el Real Madrid, en 2005, y justamente estaba en el Santos en 2006. Él llamó a Ribeiro y convenció al presidente Marcelo Teixeira para que apostara por la permanencia de Juninho en el Vila.

No había en Madrid ni en todo el mundo el dinero suficiente para comprar la felicidad de mi hijo.

También teníamos la seguridad de que recibiríamos más ofertas a lo largo de su carrera. No era el momento adecuado. Tampoco el lugar. Comprendí además que Neymar Jr. tenía que madurar en Santos, jugando en el fútbol brasileño. Algún día iría a Europa y aprendería bastante, pero tenía que crecer en nuestra casa, en nuestro país.

Mucha gente nos llamó y vino a hablar con nosotros, sobre todo conmigo. Me decían que estaba como una cabra, que me había vuelto loco por no haber aceptado la oferta de Europa. Muchas personas estaban convencidas de que habíamos perdido la oportunidad de nuestra vida. Sin embargo, mucha gente no entendía que Dios ya nos había ofrecido esa oportunidad. Cuando hizo que este niño naciera...

Pero, claro, para eso, para que Juninho se quedara en el Santos, había que negociar una situación mejor para nosotros. Hablamos entonces con el presidente Marcelo Teixeira. Nos convocó en la Universidade Santa Cecília, en Santos. Conversamos y llegamos a un acuerdo.

A los trece años, Neymar Jr. ya era un joven jugador de éxito. Y por haber rechazado al Real Madrid, estábamos felices en casa. Podíamos dejar nuestra casita en Praia Grande y comprar un piso mejor. El Santos era nuestro hogar, y el primer piso que compramos estaba enfrente de la sede del equipo.

A los trece años, Neymar Jr. ya era un joven jugador de éxito. Y por haber rechazado al Real Madrid, estábamos felices en casa.

Fue un gran acierto. Quiero expresar nuestro agradecimiento a toda la gente que intercedió por nosotros y nos ayudó. En especial al señor Zito. Ahora bien, para ser sinceros, cuando Juninho firmó aquel nuevo contrato, en la mesa de nuestra casita en Praia Grande, yo esperaba que el señor Zito nos invitara a todos a comer un buen churrasco por cuenta del club. Pero ya saben cómo es, ¿no?... ¡El muy agarrado se comió las empanadas que habían sobrado del cumpleaños de Juninho! Ni rastro de carne. Se dio un atracón de empanadas para quedar bien con mi señora.

¡Enorme Zito! Un amigo a quien todos queremos. Aunque afirma que si hoy en día jugara contra Neymar Jr., él... Bueno, será mejor no publicar esa parte.

Soy Neymar Jr.

Cuando estoy con mis amigos veo que en el fondo sigo siendo un niño. Claro que tengo responsabilidades profesionales y que soy padre de familia desde los diecinueve años. Pero muchas veces me siento un niño grande. Echo mucho de menos jugar al fútbol en la calle, reírme con mis amigos, jugar a los videojuegos. Añoro una época muy feliz que, gracias a Dios y a mis padres, logré aprovechar al máximo.

Nací sencillo y así moriré. En la mesa mis gustos son básicos, típicamente brasileños: arroz, judías, bistecs, patatas fritas y la *farofa*. ¿Se necesita algo más? ¡Ah, sí! Me encantan las galletas, desde que era niño. Y los helados, bueno... Para que se hagan una idea, en mi casa tengo un congelador, de esos de los bares, lleno de helados.

En cuanto a la ropa, me gusta renovar mi vestuario continuamente. Y aprovecho para cambiarme el peinado, las botas de fútbol, los accesorios... todo. Sin embargo, hay una cosa a la que no le presto demasiada atención: los uniformes. No guardo mis camisetas. Siempre prometo dárselas a mis amigos y al final no me quedo ninguna. O las olvido. Si no fuese por mi equipo, incluso habría perdido el uniforme que me puse el día de mi presentación con el Barcelona. Si no me hubieran cogido la ropa que utilicé después de cambiarme, la habría dejado en el vestuario del Camp Nou. Y no solo la ropa. También olvido muchos trofeos. El que gané como jugador destacado en las Olimpiadas de Londres, en 2012, acabó olvidado en el armario de la habitación del hotel. Olvidé otro trofeo en Argentina, en la Copa América. Yo soy así, un poco despistado.

La única cosa en la que no me despisto es mi pasión. Vivo el fútbol veinticinco horas al día. Ya sea dando patadas a un balón o mirándolo rodar. Me gusta volver a ver lo que hice en el campo para corregir los errores y fijarme en los aciertos. También me encanta ver las jugadas de otros futbolistas para intentar imitarlos. Me chiflan las exhibiciones de *freestyle** para desarrollar algunas jugadas y regates. Y recuerdo perfectamente algunas jugadas de muchos de mis partidos. Considero que es muy importante recordar las jugadas, los goles, los partidos. Sirve para crecer, para perfeccionar tu habilidad.

En fin, mis pasiones siguen siendo las mismas que cuando era un niño. No soy de esos que se apasionan por cosas nuevas continuamente. En mis momentos de relajación, en mi tiempo libre, mi alegría depende del fútbol. Si mi equipo pierde o no juega bien, me quedo en casa. Intento jugar al billar, a los videojuegos o las cartas. En esos momentos lo mejor es estar tranquilo.

Ahora bien, si mi equipo gana... Entonces la alegría es general. Me gusta salir a bailar con los amigos. Me lo paso bien. Escucho y me mola toda clase de música: el funk, la

* El *Freestyle* es una modalidad de fútbol en la que el jugador realiza diversos trucos con el balón, entre ellos mantenerlo en equilibrio sobre distintas partes del cuerpo. *(N. del E.)*

pagoda, el sertanejo, la música negra, el góspel. Lo que me pongan. Adoro la música y no sé vivir sin ella. Tengo una tía que es cantante y un tío que también trabaja en el mundo de la música. Mi abuelo, mi abuela, en casa todos amamos la música. Lo que más nos gusta es la samba, la pagoda. A mí me encanta.

A mí y a mi grupo de amigos del *tóis*. Mucha gente me pregunta cómo nació eso del «*é tóis*». Fue un colega nuestro, cuñado de Gabriel, lateral del Internacional. Nos gastaba la broma de que todo era «*tóis*» en vez de «*nós*».* Comenzó como un chiste, y casi se ha convertido en un lema de nuestra pandilla. Ahora a todo decimos «*é tóis*» porque suena bien. Es una broma, pero se ha hecho muy popular. A todo el mundo le gustó.

Comenzó como un chiste, y casi se ha convertido
en un lema de nuestra pandilla. Ahora a todo
decimos «*é tóis*» porque suena bien.

Ahora bien, lo que a mucha gente no le gusta tanto es mi vocación de cantante. Canto fatal. En el karaoke desafino un montón. En el fondo no me importa. ¡Yo canto igual! Al que no le guste que se vaya. Lo triste es que un montón de gente siempre se va enseguida.

También me encanta viajar, visitar otros lugares, conocer nuevas culturas. Aunque, para ser sincero, lo que es el

---

* La traducción literal de «*é nós*» es «es nosotros». Se trata de una forma gramaticalmente incorrecta y coloquial de decir «*somos nós*», «somos nosotros», literalmente en español, que se ha convertido en una expresión muy popular entre los jóvenes brasileños. Es una especie de grito de guerra o de autoafirmación. *(N. del T.)*

viaje en sí no me gusta demasiado. Odio pasar mucho tiempo dentro de un avión. Vas de un sitio a otro y parece que no te mueves de donde estás. Me falta paciencia. En cuanto entro en un avión me gusta ponerme a dormir. Duermo como un tronco. Recuerdo una vez que atravesamos unas turbulencias terribles y el avión dio unas sacudidas tremendas. Había gente rezando, otra llorando. Y yo, durmiendo como un angelito. En paz. Los compañeros me despertaron cuando ya había pasado todo, algunos con los ojos llorosos, y yo les pregunté qué había sucedido. Y todos se cabrearon conmigo porque me había librado del terror general que habían vivido.

Soy una persona tranquila. También porque tengo unos amigos maravillosos. Mis amigos de siempre. A algunos los conozco solo desde hace cuatro o cinco años. De la infancia, con los que jugara desde pequeñito, del colegio, son pocos. Se acaba perdiendo el contacto de manera natural, y, como tengo una vida muy ajetreada, al final nunca me queda tiempo para ver a toda la gente que me gustaría. Sin embargo, los amigos que tengo ahora son muy importantes para mí. Son amigos leales con los que puedo contar en cualquier momento. Siempre están a mi lado. Y yo también intento estar siempre a su lado. En los momentos buenos y en los malos.

Me encanta contar chistes. Sé unos cuantos muy buenos. Aunque mis amigos dicen que mi repertorio es escaso y repetitivo. Lo que pasa es que siempre están conmigo y acaban oyendo los mismos chistes que yo. Otra cosa que me gusta de vez en cuando es ir en bicicleta por la costa de Santos. Alguna vez he ido a entrenar a la ciudad deportiva en bicicleta. La gente es muy respetuosa y cariñosa cuando me reconoce. Como un día que estaba jugando con los amigos con un coche de control remoto al lado de la playa.

La gente me vio concentrado en lo que hacía y guardó las distancias y respeto. Eso está muy bien.

Alguna vez he ido a entrenar a la ciudad deportiva en bicicleta.

También me encantan los tatuajes. Creo que he perdido la cuenta de los que llevo. Una vez me pasó una cosa divertida. Fui a un estudio en Santos, en un centro comercial, de esos que tienen un escaparate enorme. En un abrir y cerrar de ojos había una multitud observando a través del cristal el tatuaje que estaban haciéndome. Es un cariño agradable. Aunque hacerse un tatuaje no lo sea tanto... Pero vale la pena por el mensaje. En el brazo tengo tatuado «Davi Lucca» y su fecha de nacimiento, el 24 de agosto de 2011. También me he tatuado *«Blessed»* debajo de la nuca. En el brazo izquierdo me tatué «Nadine», el nombre de mi madre, y «Rafaela», el de mi hermana, en el derecho; *«Deus é fiel»* en la muñeca izquierda. Tengo tatuado *«Ousadia»* encima del tobillo izquierdo, en la parte de atrás, y *«Alegria»* en la pierna derecha, a la misma altura. En el brazo derecho también llevo una corona; tengo además un corazón y el símbolo del infinito. También me he tatuado «Corintios 9:24:27». Es evidente que uno de los tatuajes, el que me hice en el pecho, tenía que ser un homenaje a mi gran ídolo: mi padre.

¿Comportamiento infantil?

La humildad lo es todo en la vida. Por eso siempre he intentado orientar a Neymar Jr. en las cosas que van más allá del fútbol. Es bastante atrevido en su imagen, pero siempre lo he mantenido con los pies en el suelo. Cuando era más joven, lo controlaba todavía más. Ahora es adulto, padre de familia, consciente de las decisiones que toma. Pero desde que era niño, y con el acoso que sufrió en el Santos y en los otros clubes, siempre he intentado evitar que abusase de las extravagancias, tanto dentro como fuera del campo.

Siempre lo he atado en corto. Ese es el deber de un padre. Decir no es en muchas ocasiones una gran prueba de amor. No existe un amor mayor que el del padre y el de la madre. Nos gustaban nuestros hijos antes incluso de que existieran. En la vida podemos dejar de ser muchas cosas, pero nunca de ser padres.

Nadie quiere prohibir por prohibir a su hijo que haga ciertas cosas. No se trata de eso. En este caso la experiencia cuenta mucho. Juninho no ve ningún problema en ponerse un pendiente y, como dice él, «esmerarse con su imagen». Yo creo que esa imagen, digamos, más osada, puede llamar más la atención que su fútbol, y ese no es el mejor camino. La calidad de un profesional se mide por su labor en el campo y por la imagen que transmite.

Está muy bien tener personalidad. Lo que no se puede ser es egocéntrico. Individualista. Y Juninho ha aprendido eso desde niño. También por eso triunfa en un deporte colectivo. Nunca quiso ser más que nadie. Nunca se creyó más que cualquier compañero o adversario. Eso es fundamental en la profesión y en la vida.

Siempre le he transmitido esos valores. Un buen tirón de orejas sirve para enderezar el rumbo en un momento dado. Desde los partidos de fútbol sala y de fútbol en la Baixada, cuando íbamos y veníamos en autobús, o a veces en mi moto, he hablado mucho con Juninho. Hablamos de su comportamiento, de lo que tiene que hacer con la pelota, de lo que no puede hacer. Siempre analizo el antes y el después de los partidos y su actuación individual. Y nunca he sido blando con él. Jamás me limité a elogiarlo. Ser padre también consiste en eso. No todo son caricias en la cabeza. Dar únicamente cariño es fácil. De vez en cuando hay que hacer una entrada dura abajo para mostrar el camino correcto.

No siempre se gana. Pero nadie puede abandonarse al lujo de tirarlo todo a la basura y actuar con displicencia o sin la seriedad exigida. Nadie puede entrar en el campo creyendo que tiene el partido ganado. La arrogancia es la peor manera de perder un partido. En cualquier ámbito de la vida.

Nunca olvido cuando trabajaba en la CET y, durante una escala, tuve que limpiar el cuarto de baño femenino. A mí no me habían contratado para ese trabajo. No era lo que me gustaba hacer. A mí me gustaba trabajar con coches, no con cuartos de baño. Pero me conciencié de que tenía que dejarlo reluciente, bonito, limpio y ordenado. Me esmeré y me esforcé mucho. Tanto que el supervisor ya no quiso sacarme de allí. Después de una semana de servicio quería que siguiera limpiando los cuartos de baño de la compañía. Casi acabo convertido en el jefe de los cuartos de baño.

La arrogancia es la peor manera de perder un partido. En cualquier ámbito de la vida.

Por supuesto no era eso lo que yo quería. No tengo nada en contra de la gente que se dedica a ello, todo lo contrario, siento un profundo respeto por todos los trabajadores. Sin embargo, yo tenía otras aspiraciones. Y para alcanzar mi objetivo debía realizar de la mejor manera posible aquel trabajo. Y, para demostrar mi disposición, tenía que hacerlo todo muy bien. Ese siempre ha sido un objetivo en mi vida. Siempre quiero dar lo mejor de mí. Y transmito ese sentimiento a mis hijos.

En una de las actividades de los entrenamientos, a los siete años, en el Gremetal de Santos, Neymar Jr. hizo una jugada y chutó con la zurda, su pierna débil. El disparo salió totalmente desviado. Betinho le llamó la atención y le pidió que en situaciones como aquella siempre se preparase el balón para su pierna buena, la diestra.

Con todo mi respeto hacia Betinho, yo pensé justamente lo contrario en aquella situación y le dije a Juninho: «Hijo, chuta con la pierna en la que te caiga el balón. No tengas miedo de disparar con tu pierna mala, con la zurda. Chuta una vez, dos, tres, hasta que aciertes, hasta que sientas la pierna firme, fuerte. Hasta que tu pierna izquierda sea tan buena como la diestra. La pierna débil también fortalece la buena, hijo.»

Después hablé con Betinho. Le pedí que insistiera a Neymar Jr. para que también chutara con su pierna mala. No importaba que el disparo saliera desviado, sin dirección, sin fuerza. Aquel era el momento de aprender, con siete, ocho años. No podía permitirse olvidar que debía mejorar, aprender. No podía dejar de intentarlo, de arriesgar en el campo. Y también en la vida.

Betinho siempre fue un maestreo tan bueno y humilde que no solo acató lo que yo consideraba mejor para mi hijo, sino que adoptó la misma estrategia con todos sus chicos. Aún hoy en día mantengo esa tesis. Si se interviene en la medida justa, con el tacto adecuado, se puede cambiar una trayectoria, una actitud, una idea.

Juninho empezó a entrenar más su pierna izquierda, a arriesgar más en la finalización con la zurda. Falló muchas veces. Hasta que cada vez fueron menos los fallos y más los aciertos. Se pudo comprobar en la Copa de las Confederaciones de 2013. Aquel gol contra España nació de un bonito pase de Oscar, en Maracaná. Y aquel disparo al palo corto de Casillas, con la pierna izquierda, también nació en aquellos entrenamientos y partidos con Betinho, en el Gremetal, cuando el entrenador le permitió arriesgar más en los disparos con el pie izquierdo, siendo todavía un niño.

El profesor, el maestro, el mentor, el instructor, la persona que enseña es fundamental. Para ayudar aún más a Juninho, en 2009 me presenté al examen de selectividad y me matriculé en la Facultad de Educación Física. Mi objetivo era aprender más cosas sobre fútbol y el deporte en general e intentar enseñárselas a Juninho. Para poder guiarlo mejor. No basta con ser padre, hay que participar. Hay que ir más allá.

Ah, claro, y tener paciencia con quien exige demasiado a tu hijo. O entiende menos de fútbol... ¿Cuántas veces habré tenido que contar hasta diez en partidos en los que criticaban a nuestro equipo? El desprecio forma parte del fútbol. Pero a veces se dicen cosas que cuesta aguantar. Como cuando dicen que mi hijo «desaparece en los partidos importantes» y esa clase de comentarios. No queda otro remedio que tolerarlos, pero no es fácil. Siempre he pedido a Juninho que no se vaya del partido, que se mueva constantemente en el campo. Y siempre lo hace. Incluso cuando no juega bien no deja de intentarlo. Siempre corre detrás del balón, intenta dar opciones a sus compañeros.

El desprecio forma parte del fútbol. Pero a veces se dicen cosas que cuesta aguantar.

Yo defiendo a quien me gusta. No es solo porque sea mi hijo. Defiendo a quien sabe jugar con el balón. Recuerdo en un partido de la penúltima etapa de Giovanni en el Santos en el que un aficionado gritó que era «lento». Yo no me aguanté y me puse a discutir con él, civilizadamente, sin violencia. Pero no me aguanté. ¿Cómo podía decir que un *crack* como él era «lento»? Ha sido uno de los mejores jugadores que he visto en el Santos. Y me llevé una gran alegría cuando Juninho jugó contra él, cuando Giovanni militaba en el Mogi Mirim. Al final del partido mi hijo se acercó a él. Ese encuentro entre dos generaciones fue muy bonito. Para mí, que entonces empezaba a ver que mi hijo tenía un futuro prometedor, mientras que Giovanni brillaba en el Santos, en la selección y, después, en el Barcelona (¡imagínense!), fue todavía más emocionante. En ese momentos recordé todos los partidos de Juninho en las categorías inferiores de nuestro Santos. Partidos en los que había diez o doce hinchas rivales y solo mi amigo de los tiempos de la CET, Zeferino, y yo apoyando a nuestro equipo. Zé tenía un bar enfrente de la compañía. También había jugado al fútbol cuando era más joven. Nos hicimos amigos gracias al fútbol. Y más amigos aún para poder estar más cerca de Neymar Jr. adondequiera que fuera con los equipos inferiores del Santos.

Yo no me perdía un partido, y Zeferino siempre me acompañaba. Él me llevaba a todos los campos de São Paulo. Salíamos temprano. Algunos partidos empezaban a las nueve de la mañana. Y nosotros siempre estábamos allí, al lado de Juninho. Muy cerca, pegados al alambrado. Jamás nos perdimos un partido por llegar tarde. A veces llegábamos incluso antes que el autobús de la delegación del Santos. Eso cuando no abríamos el estadio. Nunca me dormía. A las cinco de la madrugada ya estaba llamando a Zeferino para que no se retrasara. Además, no siempre era fácil encontrar el estadio. São Caetano, Mauá, Barueri... Nos perdíamos. Ni siquiera la gente de la ciudad sabía dónde estaban algunos campos. Pero íbamos. Solo nosotros. Muchas veces los únicos que estábamos animando al Santos éramos Zeferino y yo. Porque sabíamos, él y yo, que Juninho se convertiría en futbolista profesional. Y de los buenos.

El debut

Hasta mi debut con el Santos, el 7 de marzo de 2009, en el Campeonato Paulista, mi padre decía que su hijo era Juninho. Después de aquel partido contra el Oeste de Itápolis, en el estadio Pacaembu, mi padre empezó a decir que era el padre de Neymar Jr. Según dice, ese es su mayor orgullo. Me había llevado hasta el fútbol profesional. Ahora estaba a mi lado para que alcanzase lo que él no había conseguido como futbolista profesional.

Sé que son las exageraciones típicas de un padre, dispuesto a hacer lo que sea por su hijo; del mismo modo que mi padre hace todo y más por mí y por mi hermana. Pero también sé que mi debut le quitó un peso enorme de encima. Y claro, también a mí. El hecho de haberme quedado en el Santos tres años atrás, con trece, fue un regalazo. Sin embargo, se hablaba mucho de mí; había mucha presión, muchas expectativas; toda la atención de los medios de comunicación. La esperanza de los santistas en la nueva generación, después de Robinho y Diego. Por más que me preparase desde los once años para ese día (y soñase con él desde que era aún más pequeño), una cosa es saber que en algún momento llegará, y otra muy distinta es cuando se levanta la tablilla con los dorsales en el Pacaembu y entro en el campo con la camiseta *peixe*.

Cuando empecé, debido a la enorme expectativa que se generó, todo era una fiesta. Pero, a partir del momento en el que entré en el equipo, saliendo del banquillo de los reservas, la responsabilidad ya fue otra. Para mí y para los compañeros, el cuerpo técnico y la directiva. Para la prensa y la afición. Para los adversarios. Para todos. Todo el mundo decía: «Vamos a ver si ese tal Neymar Jr. es tan bueno como dicen.»

No es sencillo. Para mí resultó todavía más difícil. Y también para mi padre. Desde entonces no se calla cuando alguien me critica de una manera exagerada, recurriendo a cuestiones personales que nada tienen que ver con problemas técnicos o tácticos. Mi padre es así. Siempre lo ha sido. Incluso con los hinchas del Santos. Creo que todos los padres son así en relación con sus hijos. Sobre todo cuando tu hijo está tan expuesto, antes incluso de debutar como futbolista profesional.

A partir del momento en el que entré en el equipo,
saliendo del banquillo de los reservas,
la responsabilidad ya fue otra.

Sin querer compararme con el incomparable Pelé, pero estableciendo una comparación, mi padre recuerda que ni siquiera *O Rei* sufrió un acoso tan grande de la prensa cuando debutó como el que viví yo. Ningún otro futbolista nacido en el Vila Belmiro debutó rodeado de unas expectativas tan grandes. A raíz de que no se cerrase mi traspaso a España en 2006, la gente empezó a conocerme un poco. Y en todos los partidos que jugué con las categorías inferiores me sacaba por lo menos una foto con un aficionado. No era algo normal para un chico de mi edad. Pero fui acostumbrándome. Cuando acababa el partido con el Santos sub-13 o sub-15 y me acercaba a la alambrada para hablar con mi padre, siempre había alguien que quería hacerse una foto conmigo.

Ese cariño tan extendido facilitaba las cosas y abría puertas. Pero en el fútbol siempre hay momentos difíciles, como en la misma vida. Y en 2009 el Santos pasaba por un momento de reconstrucción. Era más difícil debutar con el equipo. El entrenador, Vágner Mancini, apenas llevaba cinco partidos dirigiendo al equipo. Había empezado con buen pie, pues veníamos de una victoria contra el São Paulo por 1 a 0. No ganábamos un clásico desde hacía nueve meses, y desde el año 2000 no conseguíamos derrotar al São Paulo en el Paulistão. Las cosas empezaban a ir bien. Fue precisamente en ese partido cuando empecé a notar el cariño de la afición. Durante el encuentro yo estuve en el banquillo, y las personas que habían ido al estadio pedían que me sacaran a jugar. ¡Sentí una emoción única!

Por todo lo que mi familia y yo habíamos pasado, mi debut fue mucho más una victoria que un peso, una carga. Por eso fui con una felicidad enorme al campo. Con unas medias de color ceniza, muy bonitas, por cierto. Era sábado por la tarde. El partido empezó a las 19.10 horas. Entré en la segunda parte, a los quince minutos, en sustitución del centrocampista colombiano Molina. Había casi veinticuatro mil espectadores en el estadio. Mucho público, como siempre que el Santos juega en la capital. Y la afición me animó desde el principio. ¡Fue increíble! Y podría haber sido todavía mejor, porque en el primer balón que toqué mi disparo golpeó el larguero. ¡Casi! Pero todo salió bien. Más importante que un gol mío fue la victoria del equipo.

Ganamos 2-1. Si hubiera sido por mí, al salir del Pacaembu habría vuelto a Santos y me habría puesto a jugar una pachanga con los amigos. Me había divertido en mi debut. Eso era lo más importante.

Después del primer partido había llegado la hora de disputar el primer encuentro en casa, en el Vila. Empatamos 1-1 con el Paulista. Entré en el segundo tiempo, en sustitución del defensa Domingos. Hice un buen partido. Pero todavía faltaba el primer gol. Y el primer partido como titular.

Pasada la emoción del debut y del primer partido en casa, solo tenía un objetivo: marcar un gol. El primero de muchos con la camiseta *peixe*. Mi camiseta. La de mi equipo. Y sucedió el 15 de marzo de 2009, un domingo por la noche, en el Pacaembu. Tenía diecisiete años. Ganso marcó el primer gol del partido contra el Mogi Mirim. Los periodistas todavía lo llamaban Paulo Henrique. Hizo el 1-0 aprovechando un mal despeje de la defensa, a los doce minutos de la segunda parte de un partido que se había puesto muy difícil.

Por todo lo que mi familia y yo habíamos pasado,
mi debut fue mucho más una victoria que un peso,
una carga.

Con el partido un poco más controlado, Roni, un figura, marcó un gol de cabeza en el minuto veintitrés. En el veintisiete se produjo otra buena jugada de nuestro equipo por la izquierda: Roni cruzó la pelota hacia el centro del área, yo aparecí libre de marca y me lancé en plancha para marcar de cabeza mi primer gol con el primer equipo del Santos. ¡3 a 0! Ahí estaba yo, escuálido, con la bonita camiseta blanca con el número 7. Llevaba el mismo número desde el principio, desde las categorías inferiores del Santos. Hasta el día que el entrenador Lima me preguntó qué dorsal me gustaría llevar. Le respondí que el 11. El número de Romário en la selección y en la mayoría de los clubes en los que brilló. Tiene hasta gracia que la persona que me ayudó a elegir el dorsal de la camiseta que utilicé más veces con el Santos fuera precisamente el jugador que más dorsales distintos ha llevado. Mi padre siempre habló muy bien de Lima, que fue un jugador muy moderno; jugó de centrocampista, de pivote defensivo, de lateral, en prácticamente todas las posiciones, con todos los dorsales posibles. Él fue quien acabó dándome el 11 santista.

Un poco antes de que empezara a destacar en el primer equipo, mi abuelo subió al cielo. El señor Ilzemar era superfán de Pelé. Desde pequeño me gustó ver vídeos de *O Rei*. Lances, jugadas, goles, celebraciones. Y mi padre siempre hacia algún comentario sobre el puñetazo al aire. Ese fue el desencadenante. Levanté el puño y no me lo pensé: ¡golpeé al aire! Nadie puede compararse con Pelé, pero por lo menos pude homenajear a mi abuelo con ese gesto de celebración. Aún más: pude hacer feliz a mi padre y honrar la memoria de mi abuelo. El gol les pertenecía más a ellos que a mí. El gol era del Santos.

Pasada la emoción del debut y del primer partido en casa, solo tenía un objetivo: marcar un gol.

Gracias a Dios, a mi abuelo y a mi padre, ese gol sería el primero de muchos. Todos los goles provocan una sensación indescriptible en el jugador. Ya sea el gol que decide un partido o un campeonato, el gol en un clásico, el gol del honor en una derrota, un golazo, un gol de churro, con la espinilla o con la pierna que sea, en cualquier momento. No existe el gol feo. Dario Maravilha, el gran artillero del fútbol brasileño de las décadas de 1970 y 1980, siempre decía una frase que a mi padre le encantaba: «No existe el gol feo. Lo feo es no marcar un gol.»

Se trata de eso. Nada da más placer al hincha. Y todos los jugadores hemos sido hinchas. O seguimos siéndolo, como es mi caso. Todavía soy ese chaval en la grada. La única diferencia es que ahora estoy en el terreno de juego y tengo la posibilidad de marcar. Cuando lo hago soy tan feliz que corro celebrándolo como un loco. Es fantástico. Siempre quiero celebrarlo. Pero siempre con un gran respeto por el rival y por los aficionados de todos los equipos.

No quiero imaginar cómo será mi último gol. Ni contra quién, ni cuándo, ni con qué equipo. Quizá porque en el momento de marcarlo ni siquiera sabré que será el último. Sin embargo, en aquel primer gol sabía lo que estaba sucediendo. Aún hoy me faltan las palabras para describir aquel momento y agradecer el apoyo de todos los que estuvieron conmigo ese día en el Pacaembu.

Como dice un amigo de la familia, cuando marqué aquel primer gol, mi padre no le habló con la voz «distorsionada por una sonrisa» a través del teléfono, todavía desde el Pacaembu; con mi primer gol, la voz de mi padre sonaba «distorsionada por las carcajadas».

Hambre de triunfos

Una de las psicólogas que trabajó con Neymar Jr. dijo que, además del talento, mi hijo tiene una cualidad imprescindible en los grandes deportistas: una motivación descomunal. Jugar al fútbol, ganar partidos y pasarse la vida corriendo detrás de un balón le producen un placer tremendo. Si sumamos el talento que Dios le ha dado a su fuerza de voluntad innata, además de la alegría de jugar y la voluntad de ganar, Neymar Jr. tiene todo lo necesario para triunfar.

Juninho tiene grandes maestros que le inspiran: Messi, Cristiano Ronaldo, Robinho, Xavi, Iniesta, Rivaldo, Romário, Zidane y muchos otros nombres además de esos *cracks*. Sé que muchos también lo toman a él como ejemplo. Por eso debe estar muy bien preparado en todos los ámbitos de la vida. En el caso de mi hijo eso no es difícil, porque en el campo todo lo hace con alegría y amor.

El trabajo duro no cansa cuando uno hace lo que le gusta. Y él no se cansa de entrenar y jugar al fútbol. Incluso a pesar de las numerosas actividades que realiza, normales para un chico de su edad y necesarias para un futbolista profesional, Juninho es el primero en llegar al entrenamiento. Siempre está disponible y dispuesto, y no solo para perfeccionar nuevas jugadas, regates y finalizaciones. Se queda en el césped porque es donde mejor se siente. Neymar Jr. se siente completo cuando está en el campo de juego. Sabe que ahí, en el césped, puede sacar todo lo que lleva dentro. Ya sea en los entrenamientos o en los partidos oficiales, en el fútbol Juninho encuentra su segunda casa.

El trabajo duro no cansa cuando uno
hace lo que le gusta.

Para él no existe la discusión de que «el entrenamiento es entrenamiento y el partido es partido». Para Juninho el entrenamiento es un partido. El fútbol es todo. No se trata de una guerra; él no vive para y por eso. Nuestra vida es distinta. Tenemos que luchar, sudar, hacer y dar lo máximo, pero nunca atacando a los demás. Tenemos que hacer nuestro trabajo de la mejor manera posible. Siempre le he pedido que acabase los entrenamientos y los partidos exhausto, que se vaciase en todo lo que hiciera. Le digo a Juninho que «hay que comportarse como un loco» en todos los partidos, en todas las jugadas. Si el partido está parado, si él está parado, tiene que intentar moverse, correr de un lado para el otro.

Mucha gente considera que Juninho arriesga mucho en el césped, que se va demasiado al suelo. Pero a veces hay que saltar para que no te rompan. Rama en el aire no se parte. Es el precio que se paga por ser delantero. Los marcajes siempre son duros. Aunque hay que decir que eso solo sucede cuando la pelota está rodando. Porque

antes del partido, durante el saludo de los juga[...] el himno nacional y la presentación de los eq[...] dos los jugadores rivales y los árbitros confr[...] con Neymar Jr. Todos respetan no solo su ta[...] profesionalidad, también su humildad.

A mi hijo no se le ha subido el éxito a la ca[...] de ser que en ella luzca diferentes cortes de pe[...] incluso excéntricos, pero en su interior habi[...] me sentimiento de la responsabilidad. Y solo[...] nera se gana mucho más que títulos y premi[...] y el respeto que los aficionados y los deport[...] por él es mucho más importante. Antes de [...] hay que ser una buena persona. Y Juninho [...] tenta conseguir eso. Desde niño.

Acoso

Siempre fui un chico tranquilo y sosegado. Un poco tímido incluso. Me gusta ir a lo mío. Pero tengo que aprender a lidiar con todo lo que conlleva la fama. Soy muy feliz por haberme convertido, desde los dieciocho años, en un ídolo de muchísima gente, y por haber alcanzado una posición que he conquistado con la ayuda de la familia, los amigos y los compañeros. Tengo éxito y reconocimiento. Todo lo que consiga, en el plano futbolístico y en el personal, siempre dependerá de mi humildad y mi dedicación.

Confieso que me costó un poco entender esta locura llamada fama. Para ser sincero, todavía no la entiendo demasiado. De repente paro y pienso que debo estar haciendo algo distinto como futbolista para que tanta gente quiera acercarse a mí. Es impresionante. Y muy gratificante. Lo que aumenta aún más mi responsabilidad. Cada día tengo que superarme un poco más para merecer ese cariño tan grande. Algunas personas pueden pensar incluso que soy una estrella solo porque soy famoso. Pero no soy mejor que nadie.

Me di cuenta realmente de que las cosas habían cambiado un martes, casi al principio de mi carrera, en 2010, al salir del entrenamiento en la ciudad deportiva del Santos.

Era por la tarde. Decidí ir al centro comercial a comprar un aparato de música. Mientras aparcaba, alguien me reconoció, y cuando bajé del coche ya estaba rodeado por una decena de personas que querían intercambiar unas palabras conmigo, darme un abrazo, pedirme un autógrafo o sacarse una foto, con todo el cariño y el respeto del mundo. Atendí a todo el mundo y empezó a formarse una cola en el aparcamiento. De repente me rodeaba un montón de gente. Les di las gracias a todos, me puse la gorra y entré rápido en el centro comercial. Y hubo gente que me siguió.

Cuando entré en la tienda se había formado un tumulto. Los vigilantes de seguridad del centro comercial y el gerente de la tienda tuvieron que improvisar una solución. Se vieron obligados a cerrar las puertas. Compré el aparato y me aconsejaron que saliera por la puerta trasera, por el interior del centro comercial, no sé cómo. Yo no entendía muy bien qué estaba pasando. Era algo nuevo para mí, casi sentía miedo. Algunas chicas lloraban cuando me veían. Y había un montón de chavales con el mismo peinado que yo. Ese cariño resulta gratificante, pero en aquel momento me asustó un poco.

Al ver aquel lío en el centro comercial, uno de los vigilantes de seguridad me aconsejó que volviera otro día más tranquilo. Un día que no fuera festivo. ¡Yo no recordaba que era festivo! Pedí que se tranquilizara el tumulto. Fue la última vez que acudí solo a un centro comercial sin necesidad de preocuparme de esa clase de cosas. Es uno de los precios que hay que pagar por lo que haces en la vida. Nunca imaginé que me sucedería a mí. Con el paso del tiempo vas acostumbrándote a esa locura y entiendes que todo eso es natural, que forma parte de tu vida.

Un día que estaba en un concierto, una mujer me indicó con un gesto que quería hablar conmigo. Al cabo de quince minutos, la mujer consiguió saltar al palco que había al lado del mío y me abrazó. Fue muy divertido. Otra vez, en la playa, intenté jugar a futvoley con mis amigos. Fue en enero de 2012. El problema fue que las líneas de demarcación del campo acabaron definidas por las personas que observaban el partido. ¡Mucha gente! Tuvimos que idear un plan para que pudiera escapar de la playa.

Una noche fui a un restaurante con autoservicio para coches. Bajé la ventanilla del coche un poco antes de llegar a la caja y una madre que estaba en una fiesta infantil dentro del local me reconoció. En cuestión de segundos tuve gente agolpada a ambos lados del coche. Sobre todo niños de unos nueve años. Di un montón de autógrafos y posé para un mogollón de fotos. Fue divertido. Al menos para mí. No para la larga fila de coches que se formó. Entonces, educadamente, tuve que marcharme de aquella sesión de fotos improvisada y continuar para pagar mi pedido.

También comprendo el otro lado. Jamás olvidaré el día que conocí a *O Rei*. Yo estaba durmiendo en la concentración, en 2009. Me despertó un bullicio. Oí a Triguinho, nuestro lateral izquierdo, gritar: «¡Pelé está aquí!» Me levanté de un salto y salí corriendo con André, mi compañero y delantero centro del equipo. Todos querían acercarse a Pelé. Casi no me salía la voz. ¡Fue emocionante! Es el rey en todo. Atiende a todo el mundo muy bien. Conversa contigo como si te conociera. Siempre tiene una palabra amable. Parece incluso que no fuera de este mundo. ¡Es Pelé!

Marcaje de cerca

Le digo en broma a Juninho que estaré encima de él hasta que cumpla los treinta años. ¡Voy a marcarle de cerca! Después, cuando sea un hombre hecho y derecho, podrá hacer lo que quiera. Aunque ya sea padre, cada vez más maduro y responsable, sigue siendo mi hijo.

Neymar Jr. siempre ha sufrido el acoso de niños, hombres y, por supuesto, mujeres. Además de prepararse para ser un buen jugador, tuvo que, digamos, entrenar bastante para regatear el asedio y los anhelos femeninos. No fue fácil. Pero el chico siempre consigue lo que se propone.

Tengo que estar encima de él. Y de ellas. No siempre lo consigo. Pero siempre he dicho a Juninho: «Hijo, primero conquista todo lo que quieres, todo lo que sueñas, todo lo que deseas en el campo. Da importancia a tus sueños profesionales. Después podrás aprovechar la vida de una manera más tranquila.» Y ha aprendido a hacerlo.

Yo fui jugador de fútbol. He visto mucho y sé cómo funciona este mundo. En mi época, el acoso a los jugadores era mucho menor. Si jugase en mi época, Neymar Jr. sería el mismo *crack*, pero el acoso sería distinto. Especialmente el femenino.

Sin embargo, el acoso también tiene un lado muy bueno. Sobre todo el cariño de los niños. Hubo un caso de un niño con un tumor cerebral cuyo mayor sueño era conocer a Neymar Jr. Mi hijo se acercó al hospital y se organizó una fiesta. Juninho incluso lloró. Hoy, pasado algún tiempo, el chico está prácticamente recuperado. Lo mejor de esta historia, además de la recuperación del niño, es que Neymar Jr. no le dio publicidad. No actuó para la galería, no sacó tajada publicitaria. Fue al hospital porque quiso. Fue allí porque es una buena persona y podía llevar alegría a un ser humano indefenso y enfermo.

Si jugase en mi época, Neymar Jr. sería
el mismo *crack,* pero el acoso sería distinto.

Yo, como todo padre, también me preocupo por el tema del alcohol y de otras sustancias. Aunque en eso estoy tranquilo. En la naturaleza y en los intereses de Juninho no hay sitio para la búsqueda de cosas prohibidas. No consume nada que no deba. No bebe alcohol. También en eso es un chico de oro. Es consciente de lo que se puede y no se puede hacer.

El deportista profesional madura antes, tanto en el aspecto físico como en el humano. En eso Neymar Jr. no es distinto. Todo le ha llegado de forma precoz. Incluso la paternidad. Sin embargo, la llegada de un hijo siempre es una ocasión de oro para madurar. Como es un chico tranquilo, de esos que solo dan guerra en casa, y una guerra sana, todo resulta más sencillo.

Se me ha concedido el privilegio divino de tener una pareja de hijos. Dos hijos maravillosos que son mis tesoros. En todos los sentidos. El orgullo que siento por Juninho y por Rafaela es el mismo de cualquier padre que ama a sus hijos. Estoy muy agradecido por ser el padre de unas personas tan especiales y responsables.

Me encantaría poder pasar más tiempo con mi hija. Sin embargo, de momento todavía es complicado que pueda conseguirlo. Fue una decisión que tuvimos que tomar. Rafaela tiene un papel importante en el éxito de su hermano, porque consiguió asimilar positivamente la situación. Aunque pudiera pensar «Vaya, mi padre ya está otra vez de viaje con Juninho», tuvo la madurez necesaria para entender todo lo que estaba sucediendo y convivir con ello. Es una de las mayores fans de Neymar Jr. Es una *crack* en la convivencia con un hermano famoso. Es una persona especial. Nadine y yo estamos bendecidos por tener unos hijos como ellos.

Confirmación y aprendizaje

Paulistão 2009

Mi primer gran desafío como jugador profesional llegó el primer mes de mi carrera, en el estadio Pacaembu, contra el Corinthians. Con Ronaldo *O Fenômeno* en el campo. Uno de mis mayores ídolos jugando en el equipo contrario. El máximo goleador de los mundiales en el otro bando. El tipo a quien intentaba imitar en los regates, los goles e, incluso, el peinado que llevaba en el Mundial de 2002. Siete años después, justo después del himno nacional, *O Fenômeno* se acercó para hablar conmigo. Me dio un abrazo. Me transmitió mucha fuerza, cariño y respeto.

No jugamos un buen partido. Perdimos por 1 a 0. Después, el Santos acabó recuperándose en la clasificación y en la competición, a pesar de que solo consiguió clasificarse para la fase final con una victoria increíble contra el Ponte Preta, marcando los dos goles decisivos en los últimos ocho minutos del encuentro para remontar y acabar ganando por 3 a 2. Eso dio mucha fuerza al equipo, que entró con todo y eliminó al Palmeiras, que venía de hacer una campaña mejor en la fase previa. En el primer partido, en el Vila, remontamos y ganamos 2 a 1. Yo hice un gol bonito. Recibí el balón de Roberto Brum en el borde del área y disparé al lado del pie de apoyo de Marcos nada más empezar la segunda parte. Un golazo.

Fue una jugada que aprendí con mi padre cuando tenía unos diez años. Dentro del área, cara a cara con el defensa, la solución es chutar de manera que el balón le pase entre las piernas. Mi padre me decía: «Amaga delante del defensa; él abrirá las piernas y podrás pasarle el balón entre las espinillas.» Nunca olvidaré cuando me salió bien por primera vez, todavía en las categorías inferiores de la *briosa*, la Portuguesa Santista. Cuando la pelota entró en la portería corrí hacia la alambrada para darle las gracias a mi padre y decirle que tenía razón. Como la tuvo contra el Palmeiras, en el Vila. En el partido de vuelta también ganamos, por el mismo resultado de 2-1. El partido fue muy embarrullado, con expulsiones, pero aguantamos muy bien en el Palestra Itália.

En la final, en el Vila Belmiro, en el primer partido, Ronaldo fue un verdadero fenómeno y prácticamente decidió el título para su equipo. En el Pacaembu, en el partido de vuelta, empatamos 1 a 1. El Santos fue subcampeón paulista. Para ser un equipo que había empezado aquel campeonato sin mayores expectativas, y para tratarse de mi primer torneo con apenas diecisiete años, la experiencia fue inmejorable.

La segunda mitad de aquel año no sería tan buena. Hubo muchos cambios de entrenador y acabé sentado en el banquillo. El Santos fue duodécimo al final del Brasileirão. Jugué poco. No solo por decisión del técnico, también porque son fases que hay que pasar. Es en esos momentos cuando hay que tener mucha paciencia y humildad.

2010 - La odisea en el Vila

Fue un año determinante para mí, cuando me consolidé profesionalmente con una de las mejores plantillas en las que he jugado. Yo era feliz dentro y fuera del campo. La alegría que sentía de jugar al fútbol, de estar concentrado, jugando y conviviendo con aquel grupo, era indescriptible. Transformábamos todo ese espíritu en jugadas bonitas, victorias y goleadas.

Durante ese primer semestre lo ganamos todo. Jugábamos con alegría, pero también con responsabilidad y seriedad. En las concentraciones siempre estábamos de broma, e incluso bromeábamos dentro del campo cuando teníamos la ocasión. La risa era contagiosa. Era fantástico. Teníamos mucha confianza en nuestro equipo. No se trataba de prepotencia, nada de eso. Cuando entrábamos en el campo sabíamos lo que teníamos que hacer; el grupo lo sabía y gritaba: «¡Hoy vamos a ganar, hostia!» Y así ocurría. Esa confianza era contagiosa. Y con el talento que había en la plantilla las cosas eran aún más fáciles.

El ambiente era bueno y se volvió maravilloso con la llegada de Europa de uno de mis grandes ídolos: Robinho. Cuando vi llegar a Robinho al Vila Belmiro para ser presentado con el Santos, con la sala llena, no me lo creía. Me decía: «¡Hostia, Robinho jugando conmigo, mi ídolo! Lo he visto jugar desde la grada, por la televisión.» Nunca me imaginé jugando con Robinho en el Santos. Aprendí mucho con él en todos los ámbitos. Nació una amistad muy fuerte entre nosotros. ¡Fue fantástico! Uno de los mejores años de mi vida. Porque éramos felices, jugábamos felices y pudimos dar muchas alegrías a la hinchada y a quien le gustara el fútbol.

Nuestro equipo tenía una defensa muy buena: Rafael en la portería, Pará, Edu Dracena, Durval y Leo nos daban seguridad atrás. A los que jugábamos delante nos decían: «De los de atrás olvidaos.» Arouca y Wesley se encargaban del centro del campo, corriendo de un lado para el otro. Delante estábamos Ganso, Robinho, André y yo. Ganso, con sus pases geniales, Robinho y yo revoloteando, regateando de aquí para allá, y André, como siempre, con un imán para el balón. Soy un gran fan de André y de su inteligencia para situarse dentro del área para concluir la jugada. Hacíamos una jugada y pasábamos el balón sin mirar, y sabíamos que él estaría allí. Siempre estaba allí. Cuando la cosa se ponía difícil, chutábamos a puerta; la pelota no entraba, pero André siempre estaba allí para marcar el gol.

Cuando vi llegar a Robinho al Vila Belmiro
para ser presentado con el Santos, con la sala llena,
no me lo creía.

Nuestro equipo funcionaba así. Era todo alegría. Hasta cuando yo no jugaba. Eso sucedió una vez en un encuentro contra el Ituano. Robinho y yo no estábamos con el equipo. Yo estaba en Estados Unidos y hablé con los compañeros antes del partido. Les dije: «¡Joder, si marcáis un gol dedicádmelo. Haced la Estatua de la Libertad y tal.» Madson me respondió: «No te preocupes, lo haremos, lo haremos.» El equipo empezó perdiendo. Yo me puse hecho una furia mientras seguía el partido desde Nueva York. Cuando me fui de donde estaba, el Santos ya había remontado y estaba ganando 3 a 1. André y Ganso me llamaron luego por teléfono. Estaban concediendo entrevistas. Se pusieron a bromear entre ellos y me contaron que Madson había hecho la celebración. Fue muy guay. En ese momento me avisaron de que estábamos en directo para que no dijera alguna burrada y celebrara el partidazo que acababan de hacer. ¡Habían acabado 9 a 1!

Todo aquel año fue así. No goleábamos siempre, pero ganamos casi todos los partidos. Ganamos el Paulistão en dos partidos muy difíciles contra el Santo André. Después ganamos la Copa de Brasil en dos partidos muy duros contra el Vitória. En el primero, en el Vila Belmiro, ganamos. Pero yo fallé un penalti que tiré a lo Panenka, una técnica que me había dado buen resultado otras veces. Pensé: «Joder, lo voy a tirar a lo Panenka, porque el portero elegirá alguno de los dos lados para lanzarse.» Como era una final, no imaginé que se quedaría parado en el centro. Y cuando golpeé el balón y vi que estaba quieto, pensé: «¡Caray! No hay manera de ir atrás en el tiempo, ¿no?»

Nuestro equipo funcionaba así. Era todo alegría.

Fue complicado, porque después de tirar el penalti todo el mundo en el Vila Belmiro empezó a abuchearme. Cada vez que tocaba el balón, la hinchada gritaba: «Uhhh.» Incluso los seguidores del Santos. Entonces pensé: «Tío, tengo que arreglar esto, tengo que hacer algo.» ¡Y ya había marcado un gol! Íbamos ganando. No fue fácil. Pese a todo ganamos el título en el partido de vuelta, en el Barradão, después de empatar 1 a 1. Pero, en el Vila, en ese momento, solo quería corregir mi error, deshacerme de esa tristeza. Al final no pude hacer nada más. Esa ha sido una de las pocas veces que me han abucheado en mi estadio. ¡Y en la final de un torneo! Duele mucho. Pero me sirvió para aprender.

Meninos da Vila 3.0

Yo fui un extremo derecho más fuerte que técnico en la década de 1990. También porque me tocó vivir otra época del fútbol. Una época en la que había muchos jugadores con un fútbol más refinado, más plástico, más bonito de ver. Una época en la que la diferencia técnica entre los jugadores era mayor. Difícilmente un jugador de una división intermedia, de clubes que luchaban por el ascenso, llegaba a la élite. Por eso pasé mucho tiempo ignorado por los grandes clubes. No existía lo que se ve hoy en día. Ahora no hay tanta diferencia en el nivel técnico entre clubes y futbolistas. Quién sabe, quizás ahora habría una posibilidad, un resquicio, para un jugador como yo. Sin embargo, ya desde antes de que me convirtiera en jugador profesional no había manera de que pudiera acercarme siquiera a la élite. Imagínense: jugar donde actuaron *cracks* como Aílton Lira (de mi Santos) y Dicá (del Ponte Preta, que también pasó fugazmente por el Vila Belmiro); unos jugadores un poco más lentos incluso, pero con tanto talento que podían superar cualquier problema.

Vi jugar a muchos de esos mitos que fueron fundamentales en un hito del Santos. En 1978, Aílton Lira, un experimentado centrocampista organizador, junto con el veterano Clodoaldo, ayudó a formar un gran equipo en el Vila Belmiro. Pita, Juari y una gran plantilla integraron el Santástico, el Show del Vila, campeón paulista. En 2002, Robinho y Diego acabaron con la sequía de títulos y conquistaron el Campeonato Brasileiro. La directiva hizo una importante inversión y creó la ciudad deportiva para el fútbol base, que, por cosas del azar, fue bautizada con el nombre de Meninos da Vila. Como el equipo de 1978. Como llegaría a ser el nuevo equipo de 2010. Neymar Jr., Ganso, André y el regreso de un ya no tan niño pero siempre juvenil de espíritu, Robinho.

El Santos realizó una fuerte inversión y recibió la recompensa correspondiente. Ganamos el Paulistão de 2010 y la Copa de Brasil justo después del Mundial. Todo ello con la ayuda de Robinho. Y, claro, del estupendo equipo armado por Dorival Júnior. Con Neymar Jr. en una forma extraordinaria, cada vez más maduro, y con Paulo Henrique, ahora definitivamente llamado Ganso, jugando con una perfección absoluta.

Fue entonces cuando mi hijo ganó más protagonismo. También ganó algo de peso, estatura y pelos en la barba. Todavía era un niño que acababa de cumplir los dieciocho años. Aunque ya tenía la responsabilidad de un hombre. ¡Era todo alegría!

La trayectoria del Santos en 2010 fue mucho más sencilla gracias a la llegada de Robinho al club. Los niños tenían con quien compartir la responsabilidad, a quien pasar el balón cuando el partido se pusiera difícil.

En el debut de Robinho, en el Barueri, el 7 de febrero, vencimos al São Paulo por 2 a 1. Robinho entró a falta de media hora para el final del partido, pero todavía con el tiempo suficiente para marcar un golazo con el

Neymar preocupa o time do Paulista

A boa atuação do jogador no primeiro turno, quando o União venceu por 2 a 1, chamou a atenção

O atacante Neymar deve ser a maior atração do União/UMC contra o Paulista, domingo em Jundiaí. O jogador, que atuou pelo time jundiaiense na última temporada, é considerado pela Imprensa local o mais perigoso da equipe mogiana. No União, a maior preocupação é com o trabalho de bastidores do adversário. A diretoria já está tomando providências para evitar que a o alvirubro seja prejudicado.

A boa atuação de Neymar no jogo do primeiro turno, quando o União venceu o Paulista por 2 a 1, no Nogueirão, fez com que as atenções da imprensa de Jundiaí voltassem todas para o atacante. Por sua vez, o jogador demonstra não dar importância para este fato. "Estamos preocupados em fazer uma boa apresentação em Jundiaí e dar a vitória ao União", afirmou. Neymar espera casa cheia e um jogo difícil no domingo. "Eu conheço bem aquela cidade e sei que eles vão fazer de tudo para torcida comparecer", disse.

Neymar alertou quanto a dificuldade que o time mogiano terá em relação a arbitragem. "Lá não vai ser fácil, temos que ter cuidado para que não prejudiquem nosso time", afirmou. "Temos que achar um meio de neutralizar isto", completou. O técnico Paulo Comelli reforçou as palavras de Neymar. "Desde que assumi o União,

CONHECIDO - O atacante Neymar esteve emprestado pelo União/UMC a equipe jundiaiense na última temporada

nós fomos prejudicados em quase todos os jogos", reclamou Comelli, "Já alertei a diretoria sobre este problema e ela vai tomar providências", completou.

Em Jundiaí, o jogo está tomando dimensões de decisão. A diretoria do Paulista está promovendo várias atrações para promover a partida e estimular a ida dos torcedores. No intervalo da partida serão sorteados brindes e na entrada dos jogadores serão distribuídas camisetas. Até cheques pré-datados, para 30

dias, serão aceitos na compra de ingressos. O lateral-esquerdo Albéris, contundido, já é desfalque certo no time jundiaiense. O substituto imediato, Marquinhos, foi expulso no último jogo. Na posição entrará o jovem Pipoca, de 16 anos.

Neymar acertou e deve estrear com a 7 do Cori em Apucarana. P. 20.

Neimar foi um dos artilheiros da competição, com 9 gols

Neymar acidentado

Neymar, ponteiro direito da equipe profissional do União, sofreu um acidente automobilístico batendo seu Monza. Está sob observação médica. Possivelmente não jogará no próximo domingo, aqui, contra o Central Brasileira. Sua esposa e filho, que o acompanhavam na oportunidade, passam bem, tendo sofrido pequenas escoriações.

Neymar foi muito bem contra o Matonense, tendo sido o autor do tento de empate do alvirrubro. O jovem ponteiro vem agradando de jogo para jogo. Tem, inclusive, anotado tentos decisivos para a sua equipe. O moço, sem favor nenhum, tem sido no campeonato da Divisão Intermediária deste ano o melhor atacante unionista, com exibições regulares e sempre de alto nível. Esta coluna lamenta o acidente e espera que a recuperação desse excelente atleta seja a mais breve possível.

União 0 x Corinthians 0

Os cerca de sete mil torcedores que ontem foram assistir o amistoso entre SC Corinthians e União FC saíram do Estádio Cavalheiro Nami Jafet sem ver nenhum gol. Mas assistiram a um bom espetáculo. O atacante Viola, mesmo entrando no segundo tempo, foi o jogador mais aplaudido da noite. No entanto, o prêmio de melhor jogador ficou com o ponta direita Neimar, do União.

Neymar jugando con el Operário de Várzea Grande.

Neymar Jr. celebrando su cumpleaños con su madre Nadine.

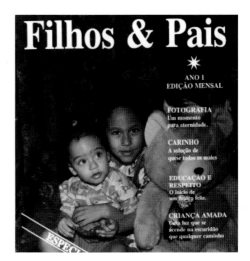

Momentos de la infancia de Neymar Jr.,
su hermana Rafaela y su padre.

Los primeros carnets
de Neymar Jr.

Padre e hijo en un momento relajado.

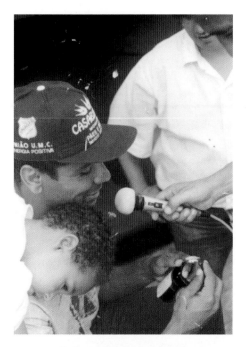

Padre e hijo siempre juntos.

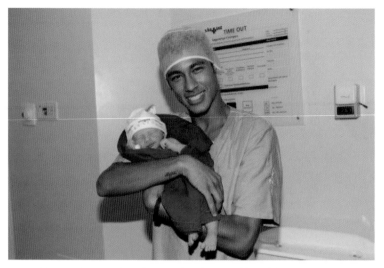
Neymar Jr. emocionado tras el nacimiento de su hijo Davi Lucca.

Durante un entrenamiento en la ciudad deportiva del Santos.

talón a Rogério Ceni. El portero del São Paulo acabó el partido enfadado. En primer lugar por el gol que Neymar Jr. le marcó de penalti con una *paradinha*. Rogério, que es un mito, un excelente portero y lanzador de penaltis, se molestó por el lanzamiento de Juninho, que fue absolutamente legal. Yo no lo entendí. Pero son cosas que forman parte del juego.

En ese Paulistão de 2010, Juninho tuvo la alegría de marcar goles en todos los clásicos. Falló un penalti contra el Corinthians, en el Vila, pero luego marcó un gol en la victoria por 2 a 1. Fue el partido de la polémica por el sombrero que le hizo al defensa Chicão, con el juego parado. Solo lo hizo para ganar un poco de tiempo.

Claro que él se excedió; lo reconozco. Pero eso no era motivo para que se dijera lo que se dijo después del partido: que mi hijo era un chulo, un teatrero. Juninho solo quería hacer una gracia. Como hacen otros futbolistas. Muchos, incluso, del equipo contrario. Pero el fútbol es así. Cuando se gana todo es espectáculo. Cuando se pierde, todo son pretextos y polémicas. No solo ellos, los del equipo rival, son así. Nosotros también. No existen santos en el fútbol. Es decir, existe el Santos Futebol Clube. ¡Y es buenísimo!

En las semifinales logramos dos bonitas victorias contra el São Paulo. 3 a 2 en el Morumbi, en el partido de ida. En la primera parte ganábamos 2 a 0. Nos relajamos y nos empataron, pero Durval consiguió romper el empate al final. En la vuelta, en el Vila, ganamos por 3 a 0. Juninho marcó el segundo gol. De nuevo de penalti contra el São Paulo. De nuevo con *paradinha* contra Rogério. El gol selló la victoria y la clasificación para una nueva final paulista. Y fue muy bonito oír a la grada gritando: «¡On, on, on, Neymar selección!»

Hay que ser justos y reconocer que todo el equipo estaba jugando muy bien. Robinho, André, Marquinhos, Arouca, Wesley. Sin contar a Ganso. Mucha gente de los medios de comunicación pedía que el técnico Dunga los convocara a él y a Neymar Jr. para el Mundial de 2010. Soñar es gratis. Soñar mis sueños y los de mi hijo. Trabajamos mucho para hacer realidad esos sueños. Como ocurrió con el título del Paulista.

Hay que ser justos y reconocer que todo el equipo estaba jugando muy bien.

Dos partidos en el Pacaembu. El adversario era el Santo André. Ellos se adelantaron en el marcador, pero remontamos para el 3 a 2 final, con una gran actuación de André. Juninho fue sustituido en el descanso por un problema de la vista. No jugó un gran partido. Tampoco lo hizo el equipo, pese a la victoria.

En la finalísima, al domingo siguiente, llegamos con ventaja. Sabíamos que el partido sería duro, pero no tan difícil como resultó al final. A los veinticinco segundos de juego ya iban ganando. Neymar Jr. empató a los tres minutos, en una bonita jugada. Haría otro gol tras una extraordinaria combinación de nuestro equipo. Sin embargo, empezamos a perder jugadores por expulsión y acabamos perdiendo por 3 a 2. Si no perdimos el título fue porque Ganso no soltó el balón, controló el tiempo y nos ayudó a ganar el Paulistão. El entrenador quería sustituirlo, pero él no quiso abandonar el terreno de juego y comandó al equipo, que había quedado muy debilitado y mermado. Resultado: el Santos volvió a ser campeón.

Como santista de nacimiento, yo estaba muy feliz, claro. Pero el hecho de que en el equipo hubiera alguien que había nacido en el seno de mi familia me produjo una emoción que soy incapaz de describir. Fue un partido muy difícil. Sentí una emoción desbordante al ver a mi hijo recibiendo la medalla de campeón paulista, dando la vuelta olímpica en el Pacaembu con la camiseta que vistieron Pelé, Pepe, Zito, Clodoaldo, Carlos Alberto Torres, Pita, Juari, Serginho Chulapa, Paulo Isidoro, Robinho y Diego, ¡y tantos otros *cracks* y personas que hicieron historia en el Vila Belmiro! En el Pacaembu. En el Morumbi. En Maracaná. En muchos estadios de todo el mundo.

Ahora mi hijo también formaba parte de esa historia de campeones. Y aún mejor: solo era la primera de muchas victorias. Yo tenía la convicción de que aquel equipo lograría muchas más cosas. Aunque, sinceramente, no esperaba tanto. Y todo sucedió a continuación.

El título paulista dio mucha moral a la joven plantilla santista. No voy a negar que, como seguidor de la selección brasileña y del Santos, y, claro, como padre de Juninho, me entristeció y me decepcionó que Neymar Jr., y también Ganso, no fueran convocados para el Mundial de 2010 en Sudáfrica. Entiendo que el seleccionador tuviera sus preferencias, su grupo cerrado. En el fútbol esa cuestión es muy importante. Pero incluso Pelé y Zico apoyaron la convocatoria de ambos. Messi, por poner un ejemplo, se extrañó de que no los seleccionaran. Sin embargo, no hubo nada que hacer. Tuvimos que respetar la decisión.

Después del dolor que causó la ausencia de la Copa del Mundo, por lo menos el aficionado santista enseguida se llevó una alegría con la consecución de la Copa de

Brasil. Una competición que el Santos merecía ganar después de las goleadas cosechadas en las primeras eliminatorias. En el Vila Belmiro, para empezar, el Santos logró un 10 a 0 contra el Naviraiense. Neymar Jr. marcó dos goles. El equipo continuó bien y goleó al Remo por 4 a 0 en Belém; se canceló el partido de vuelta. Otros dos goles de mi hijo. En la siguiente eliminatoria, otro resultado impresionante: 8 a 1 contra el Guarani, en el Vila. Juninho se salió. ¡Marcó cinco de los ocho goles! Parecían los resultados del Santos de Pelé. Pero ahora era el equipo *peixe* de Neymar Jr. y compañía.

En los cuartos de final, después de una derrota con el Atlético Mineiro por 3 a 2, conseguimos una gran victoria en casa por 3 a 1, ¡con un gol de Neymar Jr.! En la semifinal, otra eliminatoria difícil. Derrota contra el Grêmio, en Porto Alegre, por 4 a 3. Pero en la vuelta, el equipo de Dorival Júnior jugó muy bien, ganó por 3 a 1 y se clasificó para la gran final.

En el partido de ida, en el Vila, conseguimos una fantástica victoria por 2 a 0. Neymar Jr. desaprovechó un penalti, pero marcó un gol. Es una pena que muchas veces solo se recuerde lo anecdótico. La polémica del penalti que lanzó a lo Panenka y que el portero del Vitória paró sin moverse fue lo más comentado del partido. El entrenador hizo un comentario acertado al respecto: «Si lo hubiese marcado de esa manera, Neymar sería irreverente; como falló el penalti, ahora es irresponsable.» No se puede decir mejor...

En el partido de vuelta, en la finalísima en el Barradão, el capitán Edu Dracena marcó un bonito gol de cabeza y el Santos conquistó el título que faltaba en su rica galería: ¡campeón de la Copa de Brasil! Otro triunfo muy celebrado por todos los santistas. Supuso la consagración de un equipo todavía muy joven pero extraordinario. El título dio a los chicos y a mucha gente la sensación de que existía la posibilidad de que el fútbol brasileño se recuperara rápidamente. Solo había que tomar las decisiones correctas.

Un equipo que, en apenas seis meses, había marcado ciento treinta goles en la temporada 2010. Un equipo que estaba jugando fantásticamente con Neymar Jr., Ganso, Robinho, Marquinhos, André, Arouca, Wesley. Y con una defensa impenetrable detrás.

Sin embargo, seguía habiendo mucha gente que criticaba al equipo y a mi hijo. Se decía que el equipo se excedía en las florituras y que Juninho exageraba las caídas. Yo no lo veía así. Para nada. Veía eso como una prueba más de que el equipo de Neymar Jr. iba en la dirección correcta. Sus actuaciones nos hacían soñar más allá del título paulista y de la Copa de Brasil.

Eran demasiadas emociones para un padre. Para un hincha. Para un jugador. Neymar Jr. procede de la grada. Del fútbol base. De la cantera. Juninho es hijo de *peixe*. Él mismo es un pequeño *peixe*. ¡Santista, sí señor! Ha salido del Santos. Pero el Santos nunca saldrá de él. Es donde se ha criado. El Vila Belmiro es nuestra casa.

Me quedo

Lo recuerdo como si hubiera ocurrido ayer. Fue el 23 de agosto de 2010, mi padre y yo mantuvimos una reunión con el presidente Luis Álvaro, en la sede del Santos, en el Vila Belmiro. El Chelsea había presentado una oferta importante por mis derechos federativos.

En mitad de la conversación, el presidente apagó la luz y señaló una silla vacía.

—Esa es la silla del gran ídolo deportivo nacional. Desde la muerte de Ayrton Senna está así, vacía. Si Neymar Jr. se queda en el Santos y rechaza la oferta del Chelsea, dará el primer paso para sentarse en ella.

Eso nos convenció. Fue el pistoletazo de salida del «*Projeto Neymar*». Un proyecto perfectamente concebido y ejecutado que incluso ganó un premio de publicidad. Una idea de mi padre, que quería un proyecto que no solo financiara mi permanencia en el Santos, sino que también ayudara a mi familia y a mis proyectos paralelos al fútbol. Aquello supuso un revulsivo. Incluso para el fútbol brasileño en general. Nunca se había hecho algo parecido para mantener a un deportista en el país. Algo que acabaría resultando beneficioso para todo el mundo. No únicamente por lo que ganamos, sino por todo lo que ayudamos a traer al Santos y al fútbol brasileño.

Todo el mundo estaba muy tenso en aquella reunión, ya que en ella estaba en juego mi futuro. La decisión que se tomara, cualquiera que fuera, marcaría un antes y un después en mi vida. Durante la reunión Pelé llamó por teléfono. ¡Vaya! *O Rei* me llamaba para pedirme que me quedara en el Santos. En Brasil. Me recordó toda su carrera construida en el Vila, sus cinco títulos mundiales con la selección y con el club y todo el reconocimiento que había conseguido. Claro que era otra época, otro mundo, otro fútbol. Sin embargo, todo eso pesó en mi decisión y en la de mi padre. No tuve ninguna duda. Cuatro años después repetimos al Chelsea el «no» que habíamos dado al Real Madrid en 2006.

No fue fácil. Pero de nuevo nuestra decisión nos hizo felices. Hicimos lo correcto en términos de la familia, la amistad y la carrera. Ayudamos a crear aún más raíces en el Vila Belmiro, a traer más dinero y seguidores al Santos, e incluso a recuperar la estima del fútbol brasileño. Soy feliz por haber participado en todo ello con mi padre y con la directiva del club. De nuevo pensamos más en mi felicidad y en mi desarrollo como futbolista que en el dinero. Yo no me vendo por dinero. Por supuesto que el dinero ayuda, pero no es él quien manda en mi vida. No es quien dirige mi carrera. Ese papel pertenece a Dios. A mis padres. Tengo los pies en el suelo y la cabeza en su sitio. Y con ella decidimos que me quedaba en el Vila en 2010.

Yo no me vendo por dinero. Por supuesto
que el dinero ayuda, pero no es él
quien manda en mi vida.

Confieso que en el Brasileirão no jugamos tan bien. También se produjo la salida de Robinho, que tuvo que volver a Europa. Acabamos el torneo en octava posición. Aun así marqué diecisiete goles y fui el segundo máximo goleador del campeonato. Para mucha gente, sin embargo, lo destacado de aquel campeonato fue el problema que tuve con nuestro entrenador, Dorival Júnior, en un partido contra el Atlético Goianiense, en el Vila Belmiro, el 15 de septiembre.

El resultado era de 3 a 2 para nuestro equipo cuando nos pitaron un penalti a favor. Yo estaba entrenando y lanzando los penaltis, a pesar de que había fallado unos cuantos. El entrenador pidió a Marcel que lo lanzara él. Discutimos la decisión. El capitán, Edu Dracena, también entró en la discusión. Fue una situación fea, pero se trataba de un lance del partido. En el vestuario, los ánimos seguían caldeados. Yo me exalté y él también, aunque acabamos haciendo las paces allí mismo. El entrenador me llamó a su despacho, me dijo lo que tenía que decirme y el asunto quedó zanjado. Ya estaba todo arreglado cuando el ayudante de Dorival reinició la discusión, y lo que habíamos solucionado volvió a convertirse en un problema. Al final no acabó bien y me sancionaron. La directiva del club quería que el castigo solo fuera con un encuentro, pero el entrenador quería que me sancionaran con más partidos. No lograron salvar sus diferencias y la directiva acabó despidiendo al técnico.

No me gustan las polémicas. Cuando me veo envuelto en una, es más por algo que hago en el campo que por lo que digo o hago fuera de él. Jamás iría contra un profesional, y mucho menos contra un superior en la jerarquía. Yo acato las órdenes. He llegado donde estoy también por eso. Sin embargo, durante el partido, en el calor de la discusión, a veces me excedo. Pierdo la cabeza.

Lamenté mucho ese episodio y la salida del entrenador con el que fui campeón estatal y nacional y que me ayudó mucho en mi carrera. No le guardo rencor, ni él me lo guarda a mí. Tanto es así que en noviembre de 2010, cuando él ya dirigía al Atlético Mineiro, fui a darle un abrazo y un beso. Dorival es una gran persona.

En la vida y en el fútbol estamos juntos para hacer amigos, no enemigos. Incluso amigos en otros clubes. Rivales. Como Paulinho, centrocampista del Corinthians y mi compañero en la selección. Un gran amigo que juega en el máximo rival. ¿Qué problema hay?

En el caso de la discusión que tuve con Dorival Júnior no tuve ningún problema. Si acaso un montón de gente que quería ver algo que no existía y que inventaba teorías que no tenían nada que ver con la realidad. Pero esa es otra carga de la fama. Es otra cosa que tengo que aprender a regatear. Algo que, a diferencia de mis jugadas, no ensayé en el salón de casa cuando era niño.

Sé que cometí un error muy grave en ese asunto con Dorival. Fue uno de los peores días de mi vida. Lo que había ocurrido no era propio de mí. Tenía que mejorar mucho. Crecer. Madurar aún más. Pero aprendí, tanto en el aspecto personal como en el profesional. En aquel penalti yo solo quería ayudar al equipo. No fue una cuestión de individualismo; se trató únicamente de una reacción desmedida de mi nerviosismo. No solo acabé discutiendo con el entrenador, sino también con otras personas, como mi capitán. Me sentí muy mal por el despido de Dorival. Incluso llegué a pensar que era culpa mía. A pesar de que todo el mundo me decía que no debía sentirme responsable, yo no pude quitarme ese sentimiento de culpa. También por lo buena persona que es Dorival.

> Sé que cometí un error muy grave
> en ese asunto con Dorival.
> Fue uno de los peores días de mi vida.

Ha sido el día que más he llorado. El que peor me he sentido. Mi padre estaba enfermo. Salí del club y volví a casa. Él y mi madre estaban llorando. Ella ya había llorado durante el partido, cuando me vio metido en aquella situación. Me dijo que ese no era el hijo que había educado, que no era el Juninho que ella conocía. Eso me llegó al alma. Todavía me duele al recordarlo. Cuando le oí decir todo eso me sentí todavía peor. Sin embargo, me ayudó a crecer, a hacerme más fuerte. Y a no volver a cometer el mismo error.

Los días siguientes me ponía triste cuando encendía la televisión y veía que me llamaban monstruo, que todo el mundo me criticaba y hablaba mal de mí. Pasé unas noches horribles. Pedía perdón a Dios a todas horas, a cada minuto. Creo que de no ser por mis amigos y por mi familia hoy no estaría aquí. Estoy convencido de que habría abandonado el fútbol.

Mis amigos, una vez más, fueron unos fieles compañeros. Me dieron su apoyo y me ayudaron, como mi familia. Mis amigos son muy leales. Son verdaderos hermanos. Una panadería cercana a mi casa colgó una pancarta ofensiva contra mí. Mis amigos querían arrancarla de cuajo. Pero yo no se lo permití, porque creo que el hincha siempre tiene derecho a manifestarse.

Aprendí con el dolor. Y también aprendí mucho con el amor de los seres queridos. Un error jamás tiene justificación. Mis padres siempre me han enseñado que no debo buscar pretextos para los errores, sino que debo tratar de aprender y mejorar. Además de mantener la calma. En el instante del arrebato, en el momento en que me equivoco, quien va a ayudarme es mi familia. Mi hinchada más fiel. Mi primer equipo.

El año 2011

Paulistão

Era mayo de 2011. El segundo partido de la final del Paulistão. A los treinta y ocho minutos del segundo tiempo, Juninho golpeó con precisión un balón desde la banda izquierda. El portero, Júlio César, no consiguió atajarlo y la pelota entró mansamente en la portería del Vila Belmiro. Parecía una película. Mejor aún, una trilogía cinematográfica. Aunque en realidad solo era el segundo capítulo de la serie del triplete paulista.

Adilson Batista dejó el club al poco de empezar la temporada, poco después del regreso de Neymar Jr. de la selección brasileña sub-20, campeona sudamericana en Perú. Apenas había empezado a trabajar con Adilson cuando el técnico abandonó el Vila. Una de esas cosas típicas del fútbol brasileño. No fue un triunfo fácil para el Santos. Estuvimos muchos partidos sin poder contar con Paulo Henrique Ganso, que se recuperaba de una operación en la rodilla. Apenas jugó ocho partidos del Paulistão. Aunque bastaba ver uno de esos partidos con él en el campo para notar la diferencia. Es un *crack*.

En 2011 tampoco estaba Robinho. Por eso la directiva buscó otro gran campeón de la plantilla del período 2002-2004. Elano llegó de Europa y entró en el equipo como si nunca hubiera salido del Vila Belmiro. Jugó fantásticamente. Fue una gran ayuda dentro y fuera del campo con su experiencia. Ejerció de hermano mayor para el resto de la plantilla.

En las primeras seis jornadas del Paulistão, Juninho estaba concentrado con el equipo de Brasil sub-20 y Ganso recuperándose de su lesión. Éramos líderes. Habíamos ganado cuatro partidos y empatado dos. Marcábamos una media de tres goles por partido. Pero después la cosa se torció. Tras esa buena racha inicial, solo ganamos tres partidos de seis. Empatamos en Venezuela en el estreno de la Libertadores, y Adilson abandonó el club. La verdad es que tampoco había podido contar con la plantilla al completo para intentar remontar. Su ayudante Marcelo Martelotte entró con buen pie en el equipo, como técnico interino. Con él, hasta la llegada de Muricy, el Santos ganó seis partidos, empatamos uno y solo perdimos tres.

A la llegada de Muricy, Ganso ya estaba cogiendo ritmo de competición. El nuevo entrenador colocó a Danilo en el centro del campo, protegió más la defensa y encontramos la manera de no permitir jugar con comodidad a los rivales. Solo tuvimos disponibles a todos los jugadores titulares en los cuartos de final del Paulistão, cuando ganamos al Ponte Preta.

En la semifinal, a partido único, el São Paulo compareció en el Morumbi con un aire de superioridad y una actitud provocadora. Pero en una tarde de auténtica felicidad para el público santista —sobre todo para mi hijo y para su compañero Ganso, que jugaron más adelantados, prácticamente de delanteros—, eliminamos al equipo rival con una gran victoria por 2 a 0.

Habíamos conseguido llegar a una final paulista más. El problema era que el Santos tenía doble jornada esa semana. Libertadores y Paulistão. Ganso ni siquiera terminó la primera parte de la final en el Pacaembu. Empatamos sin goles contra el rival blanquinegro paulistano. Sin goles y sin Ganso. También porque los palos no nos dejaron marcar. Neymar Jr. estuvo a punto de lograr un gol en el Pacaembu aquella tarde de domingo.

Un periódico publicó al día siguiente: «Neymar contra todos.» No fue tanto así; la prensa lo exageró. Aunque tampoco demasiado. Los periódicos contaron al menos siete grandes jugadas de mi hijo: dos balones al palo, una serie de regates, fintas, amagos dejando pasar de largo el balón y buenas arrancadas. Aquel día jugó realmente bien. Como un veterano a pesar de su juventud.

Sin embargo, todo el equipo jugaría mejor en el partido definitivo en casa, cuando nos proclamamos bicampeones paulistas en el Vila Belmiro. Fue inolvidable. Mi hijo marcó el último gol de nuestro equipo. Además celebramos un nuevo récord santista: ningún club paulista desde 1902 había ganado más veces seguidas el campeonato estatal aparte del Santos. Fue nuestro sexto bicampeonato. Ser campeón no es fácil. Ser bicampeón es todavía más difícil. Sobre todo si no eres santista. Ahora tocaba ser tricampeón de América...

Santos: campeón de la Libertadores

¡Qué emoción como hincha y como padre! No había visto a mi equipo proclamarse campeón de la Libertadores en 1962, contra el Peñarol. No había visto el bicampeonato americano, en 1963, con aquellas fieras comandadas por Pelé, contra el Boca Juniors. Ahora, sin embargo, podía golpearme el pecho y levantar la cabeza con orgullo. ¡He visto al Santos proclamarse tricampeón de la Libertadores! ¡He visto a mi hijo celebrándolo en el césped con el equipo perfectamente comandado por Muricy Ramalho!

La imagen es preciosa. Está en la película oficial del centenario del club. Los jugadores festejándolo en el campo, los hinchas cantando y Juninho arrodillado en el césped, con los brazos alzados en la celebración de la Libertadores. Fue bonito ver aquel mar blanco iluminando el Pacaembu. ¡El Santos tricampeón de América!

Bordamos nuestra tercera estrella americana con una gran temporada. Y con una actuación perfecta en el partido decisivo contra el Peñarol. En el partido de ida, en Montevideo, sufrimos bastante. Yo creo que sufrí aún más, porque mi hijo recibió mucho. Ellos eran un equipo de un nivel alto y un club con mucha historia que contar y conmemorar. Pero nosotros fuimos superiores. Jugamos mejor. Fue la primera Libertadores desde la época de Pelé. Y con la emoción de ver a nuestro rey en el césped, celebrándolo al final del 2 a 1 como si él también hubiese conquistado lo que ya había ganado en 1962 y 1963. ¡Fue emocionante!

Algunos compañeros de mi hijo habían sido muy criticados durante la temporada. Y muchas veces de manera injusta. Zé Love, por ejemplo, era muy importante tácticamente para Muricy Ramalho. Ayudaba mucho al equipo, a los compañeros. Sin embargo, a menudo sufría la incomprensión de los aficionados y de la prensa. ¡Se portó como un guerrero! Lo superó todo y jugó un papel fundamental. Él y todo el grupo.

No se gana un título internacional solo con el talento de un puñado de futbolistas. Hay que disponer de una plantilla fuerte y que ofrezca muchas opciones al entrenador. Además de que el club necesita contar con una buena estructura para que el cuerpo técnico trabaje a gusto. La directiva del Santos facilitó la labor de la plantilla. Y esta acabó devolviendo todo lo que habían recibido dejando para la historia otro título. ¡La tercera Copa Libertadores!

Nuestra victoria empezó a gestarse en los pies de mi hijo. Tras una bonita jugada de Arouca desde el centro del campo, el balón llegó a mi hijo, que entraba por la izquierda. Su única opción era un disparo de primeras, directo, antes de que el defensa uruguayo se le echara encima. Y eso hizo. Así marcó el gol salvador. El partido estaba igualado; estaba siendo muy duro. Aun así creábamos más oportunidades que ellos. Debimos tener unas quince o diecisiete ocasiones de gol. Mientras el partido está en juego no te das cuenta. Ni siquiera ahora sabría explicar cómo fue aquello. Sin embargo, siempre hay aficionados y amigos que te lo cuentan después.

La sensación de marcar un gol es indescriptible. Pero, con menos de veinte años, marcar el gol que da al club un título que no celebraba desde hacía cuarenta y ocho años, es el no va más. Más difícil que enviar el balón al fondo de la red es explicar lo que piensas y experimentas en ese instante. Me imagino lo que pasaba por la cabeza de Juninho en aquel momento. Yo, sinceramente, no recuerdo cómo lo celebré en el estadio. Miles de corazones unidos vibraban al unísono. Y el del padre, bueno... a punto de salírseme del pecho. Sinceramente, no sé describirlo. Sentí y siempre sentiré una emoción desbordante. Podrán llegar más títulos, y sé que lo harán, pero ese de Juninho, con el fútbol que él y sus compañeros jugaron para nuestro Santos, fue especial.

Miles de corazones unidos vibraban al unísono.
Y el del padre, bueno... a punto de salírseme
del pecho.

No tengo palabras para explicarlo y nunca las tendré. ¡Campeón de América! ¡Y con un gol de mi hijo! El gol que abrió el marcador y que nos dio la tranquilidad para ampliar el resultado, como quería Muricy, y los chicos jugaron para eso. Para delirio de los hinchas, a los veintitrés minutos del segundo tiempo: ¡2 a 0 para el Santos! Gol del número 22, Danilo. Aquel 22 de junio de 2011 no éramos once camisetas blancas en el césped. Éramos veintidós. Toda la plantilla. Todo el Santos jugando juntos. Remando juntos. No existe otra manera. Para ser campeón hay que estar como estábamos en el campo y en la grada: unidos, formando una piña. ¡Campeones! ¡Tricampeones!

Los rivales, sin embargo, eran un hueso duro de roer. Redujeron las diferencias en el marcador y se fueron para arriba. Tuvieron suerte. Además perdimos un montón de ocasiones de gol al contraataque. En vez del 2-1, podríamos haber logrado una diferencia más amplia en el resultado. El título estaba en nuestros pies. En los mejores pies de aquella Libertadores. Demostramos que se podía ser campeón sudamericano tocando el balón, respondiendo con fútbol a las provocaciones y las patadas de los adversarios.

Así fuimos tricampeones. De la misma manera que Pelé con su extraordinario equipo fue bicampeón. Jugando y ganando para el Santos Futebol Clube. Tocando el balón. Sin marrullerías ni violencia. Luchando e incluso dejándonos la sangre en las disputas. Sin evitarlas jamás. Vencimos en el césped y sin caer en bajezas, con mucha alma y sufrimiento. No vi el gol del Peñarol. En ese momento estaba bajando al vestuario. Solo oí los gritos de los uruguayos. Y sufrí hasta el final viendo el partido en un televisor en una salita que había por ahí. Apenas podía verlo, pero fue suficiente para celebrarlo por todo lo alto tras el pitido final.

Fue un triunfo épico. Para celebrarlo eternamente. La misma eternidad que tardé en llegar junto a Juninho. Pasaron casi cuarenta minutos desde el pitido final hasta que el Santos pudo levantar el trofeo de campeón. En el vestuario la fiesta era absoluta, con mucha gente, los medios de comunicación, las entrevistas, etc. Pasaron siglos hasta que pude abrazar a mi hijo. Sin embargo, como siempre hago, después de la felicitación por el título le llamé la atención por alguna jugada equivocada que le había visto. Él también me comentó algunas jugadas en las que sabía que había tomado una decisión errada. No cambiamos. Soy así. Somos así.

Y no me canso de decir que aceptaría llevar otros cuarenta y ocho años sin el título solo para sentir la alegría que mi hijo y el Santos me proporcionaron. Una vez más.

Copa América

Es una lástima que la conquista del Campeonato Paulista y de la Libertadores por parte del Santos no sirviera para que Brasil conservara el título de campeón sudamericano en 2011. No me entristeció nuestra eliminación ni la actuación de Neymar Jr. en la competición. Me sentí frustrado por la derrota, por supuesto. Pero lo importante es que él llegó bien a Argentina y regresó más maduro. Aprendemos mucho de las derrotas.

El sueño de mi hijo era jugar para Brasil. Cuando fue convocado por primera vez, en el debut de Mano Menezes, en agosto de 2010, contra Estados Unidos, el sueño se hizo realidad. Ya en la Copa América de 2011 el primer partido contra Venezuela no salió como queríamos. No jugamos bien. Los chicos jugaron con Brasil como estaban acostumbrados a hacerlo con el Santos: Robinho, Ganso y Neymar Jr., más Pato en la delantera. La línea de creación era la misma que había brillado un año antes en el equipo *peixe*. Sin embargo, en el partido inaugural, también por culpa de los nervios, el sistema no funcionó. Juninho incluso jugó una buena primera parte, y la selección brasileña creó oportunidades claras. No obstante, en la segunda parte el equipo al completo jugó mal. Empató 0 a 0.

El partido contra Paraguay era la oportunidad de recuperarse. Sin embargo, jugamos aún peor. Empatamos 2 a 2. Juninho abandonó el campo enfadado. Prefirió no dar entrevistas porque estaba caliente. Jadson entró en sustitución de Robinho en la banda derecha y marcó un bonito gol de un disparo lejano en la primera parte, en la que otra vez fuimos mejores. En la segunda, sin embargo, algunos despistes resultaron fatídicos. Mi hijo, por ejemplo, falló un gol cantado. Cuando las cosas no salen, como fue el caso, todo el mundo cae matando...

A los veintidós minutos, Paraguay dio la vuelta al marcador. Mano Menezes cambió a Ramires por Lucas para dar más velocidad a la banda derecha. Brasil empezó a apretar en ataque y a colgar más centros al área. Por eso el entrenador colocó a un delantero como Fred y sacó del campo a Neymar Jr., a los treinta y seis minutos. Y fue él precisamente quien empató, a los cuarenta y cuatro minutos, con un típico gol de delantero centro.

Seguíamos vivos, pero todavía no era suficiente. Teníamos que ganar el tercer partido. Yo necesitaba hablar largo y tendido con mi hijo. Él ya había oído abucheos, incluso insultos, jugando con el Santos. Pero con la selección, la cosa es más grave y difícil. Hay aficionados de otros clubes a quienes no les gusta el Santos ni Neymar Jr., y acaban vengándose. ¡Y mucho!

En el tercer partido, Juninho y el equipo, más tranquilos y con más confianza, reencontraron el camino del gol y de la victoria. Robinho regresó al equipo. Neymar Jr. y él se movieron constantemente contra Ecuador. Alexandre Pato abrió el marcador, pero el rival empató en la primera parte, que fue bastante igualada. En la segunda mitad jugamos, en fin, de una manera más parecida a la que sabíamos. A los cuatro minutos, Neymar Jr. marcó un gol después de una bonita asistencia de Ganso. A los trece nos empataron. La igualada no duró ni dos minutos. Pato la rompió. En ese momento éramos los primeros del grupo. Hicimos nuestro mejor fútbol de la primera fase.

Pero hubo más: Maicon hizo una gran jugada por la banda derecha y Juninho marcó su segundo gol. Entonces hizo ese gesto de señalarse la oreja. Fue una provocación en toda regla. Le habían molestado los abucheos que había recibido en el partido anterior. Nadie es de piedra. Sobre todo cuando se defiende a nuestra selección. Luego fue sustituido y salió aplaudido. Él devolvió el cariño. Sabía que lo había hecho bien. Como también es plenamente consciente cuando actúa mal.

En los cuartos de final volvimos a jugar contra Paraguay. Creo que hicimos nuestro mejor partido, a pesar de que fallamos muchos goles. Juninho podría haber marcado el primero a los tres minutos, pero golpeó mal la volea. Después tuvo más de una oportunidad. En el primer tiempo, nuestra defensa estuvo perfecta; jugamos mucho mejor. Pero la pelota no entraba. En la segunda parte se repitió la historia. Mi hijo no marcó un gol tras una fantástica jugada de Pato justo al principio de la reanudación solo porque la defensa rival lo impidió. Sin embargo, el que estaba inspirado era el portero Villar. Hizo una serie impresionante de paradas. Nuestro Júlio César no tuvo que intervenir en todo el partido. Nosotros debimos tener una decena de ocasiones de gol por ninguna de ellos.

A los treinta y cuatro minutos el entrenador decidió retirar a Neymar Jr. para colocar a otro jugador de área. Fred entró como delantero centro, y Pato retrasó su posición para realizar la función de mi hijo por la izquierda. A nadie le gusta ser sustituido. Entiendo que mi hijo podría haber continuado en el campo. Fue el mejor partido de Brasil en la Copa América. Por no decir uno de los mejores de la selección en aquel período. Y también de Neymar Jr. Pero a veces todo sale mal. En la prórroga tuvimos algunas ocasiones más y ellos ninguna. Durante ciento veinte minutos, nuestro portero solo se dedicó a sacar de puerta. Por decir algo. En los penaltis, para cerrar un día desgraciado y de mala puntería, fallamos todos. Tres fuera y otro parado por el portero. No era nuestro día. No fue nuestra Copa América.

Mi hijo se sintió abatido. Sabía que podía haber jugado mejor. Sabía que la selección podía haber hecho más. Pero son cosas que pasan. En nuestro mejor partido, en los cuartos de final, nos eliminaron en los penaltis. Desperdiciamos cuatro lanzamientos. No es normal. Nunca había ocurrido vistiendo la camiseta *canarinha*. Pero sucedió. Paciencia.

Tras la eliminación precoz en la Copa América, en Argentina, a mi hijo le ocurriría algo maravilloso. No había podido hacer historia con la selección en 2011, pero haría algo antológico para el Santos en su vuelta al club.

El gol del año

Faltaban exactamente mil días para el Mundial de 2014. Quizá falten muchos más para que se pueda volver a ver un partido tan sensacional como el que jugaron el Santos contra el Flamengo en el Vila Belmiro, por el Brasileirão de 2011. Nuestro equipo estaba en un buen momento de forma. Neymar Jr., gracias a Dios, estaba jugando bien. El *crack* del equipo rival, Ronaldinho Gaúcho, también.

Ha debido ser el mejor partido de Juninho con el Santos. Ha debido ser el mejor partido de Ronaldinho con el Flamengo. El resultado muestra cómo fue aquel clásico. A la media hora de juego íbamos ganando por 3 a 0. Estábamos jugando muy bien. No voy a decir que el marcador fuera engañoso, porque éramos superiores, pero el Flamengo merecía más. Había creado y desaprovechado ocasiones increíbles. No habría sido ninguna exageración si el marcador hubiera estado 3 a 2 a nuestro favor.

Sin embargo, Ronaldinho estaba pletórico. También mi hijo. Aquel día marcó el gol más bonito de su carrera... y espero que marque muchos más. Un gol que, al acabar el año, ganó el premio de la Federación Internacional de Fútbol (FIFA) al más bonito del año: el Premio Ferenc Puskás. Bautizado así en honor de un extraordinario *crack* húngaro que brilló en las décadas de 1950 y 1960 en el Real Madrid. Un tipo que sabía crear juego y también marcar hermosos goles.

Juninho narró el gol al programa Esporte Espetacular de la siguiente manera:

Su lateral derecho, Léo Moura, me perseguía, y el centrocampista Williams también se me iba a echar encima. Tenía que pasar entre los dos, así que empujé el balón y me colé por en medio. Entonces vi a nuestro delantero centro, Borges. Siempre hago una pared con él. Es un jugador muy técnico e inteligente, piensa y juega rápido. Se la pasé a Borges y él me la devolvió. Conduje el balón y llegó Renato. Me enderecé un poco. En ese momento, a esa velocidad, pensé que debía superar al defensa Ronaldo Angelim, y lo primero que me vino a la cabeza (y a los pies) fue que debía regatearlo con una cola de vaca. Ese regate en el que la tocas para un lado y la echas para el otro. Y salió perfecto. Cuando el portero salió, chuté y corrí a celebrarlo.

Dicho así no parece tan difícil, ni que fuera tan bonito. Pero hay ciertas jugadas en las que un jugador apenas tiene tiempo para pensar. Va tocando el balón, regateando y fintando adversarios hasta que llega el momento de disparar; cuando la habilidad es más importante que la fuerza. Frente a toda esa adrenalina, el jugador tiene que ser ágil y mantener la serenidad. No sirve de nada llegar como un loco al momento de la finalización. Hay que trabajar la jugada; mirar al portero, a los defensas, pensarlo todo a mucha velocidad. En parte es algo instintivo. Difícil de explicar. Uno va y lo hace. Si sale bien es hermoso. Si no, lo volveremos a intentar.

Fue un partido que jamás se olvidará, como tantos otros en la historia del Santos. Juninho incluso se ganó una placa del club, como la de Pelé, la primera, por el famoso Gol de Placa contra el Fluminense, en 1961. Hubo otro partidazo eterno, al mismo nivel, en un torneo Rio-São Paulo, en 1958, en el Pacaembu. 7 a 6 para el Santos contra el Palmeiras. Fue un espectáculo tan impresionante como el duelo entre los santistas y los *rubro-negros*. El duelo entre Neymar Jr. y Ronaldinho Gaúcho se ha convertido en un clásico digno de un enfrentamiento entre Pelé y Zico. Sin falsa modestia.

Fue un partido que jamás se olvidará, como tantos
otros en la historia del Santos. Juninho incluso
se ganó una placa del club.

Incluso cuando acabamos perdiendo un partido, como ocurrió en esa ocasión contra el Flamengo en el Vila Belmiro, en el que este se impuso por 5 a 4. Incluso entonces es justo decir que el gran triunfador fue el fútbol. Los dos equipos merecieron los tres puntos. El ganador hasta mereció llevarse seis. ¡Fue un partido inolvidable!

Una lección

Fue una lección de fútbol. El Santos perdió la final del Mundial de Clubes en Japón no solo contra el equipo campeón de Europa en 2011, sino contra uno de los mejores equipos de todos los tiempos. Incluso creamos algunas ocasiones en la final. Sin embargo, como les ocurría a todos los rivales del Barcelona en aquella época, apenas olimos el balón. Sabíamos que iba a ser difícil. Todo el mundo daba como favorito al Barcelona. Estábamos preparados. Sin un exceso de confianza, pero tampoco de miedo por la enorme calidad de su equipo.

Intentamos jugar. Intentamos hacer lo que habíamos hecho en la conquista de la tercera Libertadores. Pero no lo conseguimos. Messi, Iniesta, Xavi y compañía estaban muy inspirados. Nos presionaron muy bien y supieron qué hacer con el balón. Nosotros, por otro lado, no fuimos ni la mitad de lo que podíamos ser. Y el resultado fue el que fue. Para mí, a pesar de la derrota, supuso una gran lección de vida. Aprendí mucho de la experiencia.

Ganamos con facilidad el primer partido del Mundial. Victoria por 3 a 1 contra el Kashiwa Reysol, el campeón japonés de aquella temporada. Yo marqué un gol con la zurda, desde fuera del área. A día de hoy todavía no he marcado un gol desde tan lejos con la pierna izquierda. Lo marqué justamente en el Mundial.

No sirvió para ganar el campeonato, pero algún día servirá. Y, hablando entre nosotros, lo que la selección brasileña hizo en la final de la Copa Federaciones de 2013, un año y medio después, contra la base de aquel gran equipo español, es una prueba más de que todos los partidos tienen una historia que puede reescribirse. No hay nada como jugar un partido detrás de otro.

Ahora soy del Barcelona con el mismo amor, dedicación y cariño con los que vestí la gloriosa camiseta santista. Espero aprender en Cataluña mucho más de lo que aprendí en aquellos impresionantes noventa minutos del Barcelona contra el Santos, en la final del Mundial.

Aquel día recibí el cariño y el respeto de un mito como Messi. Además de su extraordinario fútbol, de su genialidad dentro del campo, la humildad del dorsal 10 argentino es admirable. A pesar de ganar tantos títulos y trofeos conserva la misma sencillez. Es una persona ejemplar. Espero ayudarlo como compañero de club a conquistar más títulos. Y, claro, deseo que no gane nada más cuando juegue contra mí. Él, para Argentina. Yo, para nuestro Brasil.

Paulistão 2012

Neymar Jr. siempre quiere jugar. No quiere saber nada de días libres, de descanso. Su alegría es el balón. El fútbol. Estar en el campo. Los entrenadores y los preparadores físicos quieren darle descanso ante estas maratones de partidos y entrenamientos, a los que se suman los viajes y las concentraciones. Pero él no quiere ni oír hablar de ello. Sale al campo y se deja la piel. Es un deportista ejemplar. Le gusta entrenar y jugar.

El desgaste físico de una temporada prácticamente sin vacaciones como la de 2011 no le impidió mantener un nivel óptimo en 2012. Ese deseo de ganar también le ayudó a superar problemas y, junto a los compañeros, conquistar el tercer campeonato paulista.

En noviembre de 2011 firmamos un nuevo contrato y Juninho se quedó en Brasil. Una noticia fantástica para él, para el Santos y, por supuesto, para el fútbol brasileño. También se convirtió en un hecho histórico para Brasil. Fue un aviso al resto del mundo: podemos mantener en nuestro país a un futbolista como Juninho. Y Juninho jugó muy bien aquel Paulistão. ¡En el año del centenario del Santos Futebol Clube! Año en el que, precisamente cuando cumplía los veinte, Neymar Jr. marcó el gol número cien de su carrera, en un clásico contra el Palmeiras.

En la semifinal contra el São Paulo, en el Morumbi, marcó los tres goles de la victoria por 3 a 1. Incluido su gol número cien con el Santos. Neymar regateó, finalizó, creó... ¡hizo de todo!

Aquel año, Neymar Jr. fue superando uno a uno a todos los máximos goleadores del Santos posteriores a Pelé. Cada vez que superaba a un goleador lo imitaba. En aquel 3 a 1 contra el São Paulo imitó a Juari, de los Meninos da Vila de 1978, que cuando marcaba un gol corría alrededor del banderín del córner. Después, en la final contra el Guarani, en el Morumbi, imitó a Serginho Chulapa y se dejó caer desmayado después del tercer gol, como había hecho Chulapa tras el gol que significó el título paulista de 1984. El gol de Juninho prácticamente sellaba el tercer título estatal consecutivo para el Santos, que se confirmó el siguiente domingo, en el mismo Morumbi. Nueva victoria, esta vez por 4 a 2.

Al final del partido, media hora después de haber ganado el título, Juninho estuvo regateando periodistas y fotógrafos al grito de «olé» sobre el césped del Morumbi. Se dijo que había sido una cosa de *marketing*, pero nada más lejos de la realidad. Fue algo improvisado. Estuvo fintando a la prensa y todo el estadio se echó a reír. Fue sensacional. No se trataba de un acto de vanidad ni una chiquillada. Era la alegría de un niño. De quien practicaba su arte. Es un artista. Y un poco travieso también.

Ganamos el tercer título paulista. Faltaba el bicampeonato de la Libertadores. O, mejor aún: el cuarto campeonato sudamericano. Perdimos el primer partido de la semifinal contra el Corinthians por 1 a 0. Aquel día, Neymar Jr. fue una sombra de sí mismo. En la vuelta, en el Pacaembu, el Santos abrió el marcador con un gol de mi hijo, pero recibió un tanto al comienzo de la segunda parte y el equipo ya no se recuperó. ¡Paciencia! No se puede ganar siempre.

Selección brasileña

Quiero ganar una Copa del Mundo para el pueblo de mi país. También quiero traer una medalla olímpica. Quería haber ganado el Mundial sub-20, de la misma manera que conquisté el Sudamericano de la misma categoría. Pero como estaba jugando para la selección absoluta en la Copa América de Argentina de 2011, no pude participar en una nueva conquista brasileña, brillantemente cosechada por el equipo del profesor Ney Franco.

Hay un torneo que ya no puedo ganar para Brasil, el sub-17. Cuando lo jugué, nuestro equipo no cuajó una buena actuación. Pero no puedo viajar atrás en el tiempo. Por eso sueño con el Mundial de 2014 y con una medalla olímpica en Río de Janeiro 2016. Quiero disputar la Copa del Mundo de 2018 y ser campeón para mi pueblo. Quiero jugarla en 2022. Voy a intentar, con la ayuda de mis compañeros, ganar todos los títulos. ¡Quiero más! Con la selección y con mi club.

Todos los deportistas quieren ganar, quieren vencer. Es evidente que no se gana siempre. Los rivales también están motivados, concentrados, también tienen calidad. Por mucho que uno se esfuerce, a veces no es suficiente. Hay factores que escapan a nuestra voluntad. Por eso siempre tenemos que estar al 110 %. Cuando nos llaman tenemos que responder de la mejor manera posible. Con la mejor disposición.

Es lo que he hecho desde que me convocaron por primera vez, en agosto de 2010, justo después del Mundial. Era la primera convocatoria de Mano Menezes, que sustituía a Dunga al mando de Brasil. Fue un amistoso en Nueva York, contra la selección de Estados Unidos. La selección había caído eliminada en los cuartos de final de la Copa del Mundo de Sudáfrica a manos de Holanda, que remontó el partido. Sufrí mucho aquel día. Antes que jugadores somos hinchas. Siempre queremos lo mejor para Brasil.

Nunca olvido aquel 2 a 0 el 10 de agosto de 2010 contra Estados Unidos. También porque marqué mi primer gol con la selección absoluta. Es imposible olvidar el primer partido y el primer gol. Y sin embargo viviré todos los partidos con Brasil como una victoria. Por eso lloré tanto en la final de Londres, en 2012, después de perder contra México. Era una deuda que tenía conmigo mismo y con Brasil. Y todavía pretendo ganar unas Olimpiadas. Si me dan la oportunidad, aquellas lágrimas de Wembley se volverán de alegría. Y si Dios sigue ayudándome, será en nuestra casa, en 2016. En nuestro Maracaná. Todo lo que quiero es ganarme la oportunidad de gritar CAMPEÓN con mi Brasil.

Sueño de plata

Llamé a Juninho durante la preparación en Londres y le pedí que hiciera lo que sabía con responsabilidad y alegría. Él estaba cumpliendo un sueño: disputar una Olimpiada y luchar por la medalla de oro. Hicimos nuestra apuesta habitual. Siempre me ha gustado apostar con él, sobre todo para motivarlo. Sin embargo, esa vez, para tristeza del pueblo brasileño, gané yo la apuesta y él se quedó sin premio, porque perdió la final olímpica contra México.

En el partido inaugural contra Egipto jugó bien. Marcó un gol en la victoria por 3 a 2. Sin embargo, la caída en el rendimiento de la selección en la segunda parte me dejó preocupado. Y creó que también dejó preocupados a los aficionados. Imagino que, como se trataba del primer partido, sintieron una presión un poco mayor que la normal. A fin de cuentas era un equipo sub-23. Aunque contaran con tres futbolistas por encima de la edad, el grupo era muy joven. Con el peso añadido de que Brasil nunca había ganado un oro olímpico en fútbol.

El partido contra Bielorrusia significó la tarjeta de presentación de Neymar Jr. Dio el pase del gol de Pato cuando Brasil iba perdiendo, marcó un gol de falta y dio un pase con el talón para que Oscar hiciera el tercero. Contra Nueva Zelanda, Brasil ya estaba clasificada, pero el técnico no reservó a mi hijo, como sí hizo con otros titulares. Juninho jugó con una relajación natural, pero, aun sin hacer un partido brillante, ayudó a la selección a ganar por 3 a 0.

En los cuartos de final contra Honduras me temí lo peor. Pero Neymar Jr. y el resto del equipo cuajaron un buen partido. Él inició la jugada del empate. Brasil volvió a quedarse abajo en el marcador, y Juninho, a pesar de los pitos de algunos aficionados que protestaron el penalti, cumplió su cometido, disparó con calma e igualó el marcador. El gol de Leandro Damião garantizó el pase a la semifinal. Un 3 a 2 muy sufrido.

A pesar de las dificultades, ya se había cumplido una parte de las expectativas iniciales. Brasil estaba en la lucha por las medallas. Sin embargo, el equipo sabía que solo valía ganar el oro. Para los brasileños la plata es como plomo. No vale nada.

La semifinal contra Corea del Sur acabó siendo más fácil de lo que todos imaginábamos. Me gustó mucho el partido que hizo Neymar Jr. No marcó, pero tuvo una actuación muy buena. Hizo una pared con Oscar en el primer gol, dio el pase de la muerte del segundo y, cuando el partido ya estaba 3 a 0, fue el director de orquesta del juego de toque que la selección impuso para asegurarse el resultado y el pase a la final. Brasil no llegaba a una final olímpica de fútbol desde 1988. Se había roto otra maldición. Solo hay que ver los grandes equipos que se habían armado para conquistar el oro en esos veinticuatro años de sequía. Y, sin embargo, ninguno había llegado tan lejos.

El día de la final yo estaba muy nervioso. Sabía lo que representaba para Neymar Jr. y la nueva generación de jugadores como Lucas, Oscar y Pato. También se llevaban muy bien fuera del campo, y cuando hablaba por teléfono con Juninho yo advertía que todos tenían muchas ganas de ganar. Tenían confianza en ellos mismos, aunque en su justa medida; sin caer en la prepotencia.

En el fútbol no existe el «sí». Lo sé desde hace mucho tiempo. Pero el gol de México nada más comenzar el partido desarmó al equipo. Neymar Jr. estaba muy bien marcado y se alteró en algunos momentos. Por mucho que se había hablado el tema, a veces no hay manera de corregirlo. En un partido decisivo como aquel, una final olímpica, nadie tiene la sangre de horchata.

El día de la final yo estaba muy nervioso.
Sabía lo que representaba para Neymar Jr.
y la nueva generación de jugadores
como Lucas, Oscar y Pato.

En la segunda parte, la selección se reencontró. Neymar Jr. dispuso de buenas oportunidades, consiguió zafarse de sus marcadores, pero no era el día de la selección. No encuentro otra explicación para lo ocurrido. Recibimos el segundo gol y ya no hubo nada que hacer. Lo más triste de todo fue ver a mi hijo en el estadio, abatido sobre el césped, tapándose la cara con las manos, llorando. Yo, que había presenciado tantas alegrías en otros estadios, ese día me derrumbé con él.

Sabía cómo ansiaba Juninho aquella medalla de oro; hasta qué punto era un objetivo fundamental para él y para la nueva generación, que va a representar a Brasil en el Mundial de 2014. Es importante recordar que en el fútbol, al contrario de lo que sucede con otras disciplinas olímpicas, las medallas de plata y de bronce no reciben reconocimiento alguno. Sobre todo en Brasil, donde prospera esa cultura de que el subcampeón siempre es el primero de los perdedores. Es una pena, pero somos así.

Es evidente que nadie quiere perder. Aun así hay que entender que no perdemos solos. Enfrente siempre hay un adversario con el mismo objetivo que el nuestro. Muchas veces no somos nosotros los derrotados, sino ellos los vencedores. Ellos encontraron el camino. Merecieron la victoria más que nosotros merecimos la derrota. Así ocurrió con México, que tenía un buen equipo y fue mejor en la final de Wembley.

Sin embargo, siempre hay que asumir la responsabilidad. Juninho estaba abatido; estuvo casi diez minutos lamentándose en el césped. Pero a continuación habló con los periodistas y mostró su tristeza. No es fácil hablar en momentos así. Pero mi hijo cada vez es más maduro; cada vez está más preparado para todo.

Fue una derrota muy triste, ¿pero cuántos deportistas han disputado y han conseguido una medalla olímpica? Mirándolo con la perspectiva que da el tiempo, se trató de un triunfo importante. Y estoy convencido de que Dios está reservando cosas aún mejores para Neymar Jr. El Mundial de 2014 se celebrará aquí, y la Olimpiada de 2016 también será en Brasil. ¿Existe alegría mayor que conquistar un Mundial y una medalla de oro en casa? ¡Imaginen las dimensiones del premio que vamos a apostarnos!

En los momentos difíciles me consuelo recordando los primeros meses de vida de Juninho. Cuando intercambiaba el día y la noche. Se pasaba la noche llorando. Su madre y yo, como padres primerizos, no sabíamos qué hacer. Yo menos aún. Estaba en un buen momento con el União Mogi. Y en aquel 1992 estaba jugando todos los partidos. Lo duro era que, como estaba casado, me concentraba en casa la víspera de los partidos. Juninho se pasaba llorando toda la noche y yo no encontraba la manera de calmarlo. Tardé un tiempo en aprender a dormirlo. Me quitaba la camiseta y lo pegaba a mi pecho, hasta que le vencía el sueño. El calor de mi cuerpo lo calentaba y lo tranquilizaba. Era perfecto. Era hermoso.

¿Pero qué pasaba con mi cansancio al día siguiente a la hora de levantarme, llegar a las diez de la mañana al club y prepararme para el partido? Mi profesión sustentaba nuestro hogar, pagaba la leche de nuestro hijo. No era fácil. Mi mujer intentaba sustituirme por la noche; quería que yo durmiera bien. Pero yo me negaba. Quería estar con Juninho. Dormía menos, pero jugaba mejor. Quizá fue mi mejor temporada como profesional. No encuentro una explicación, pero dormía fatal y jugaba muy bien. Aquel contacto con Juninho me daba fuerzas. Debía ser eso. El amor respondía. El amor mandaba.

Los tabúes existen para romperlos. Nunca me preocupó dormir poco. Yo solo reconfortaba a mi gran amor. Y él me daba fuerzas. Y no me permitía otras alternativas, disculpas ni justificaciones. En las derrotas, en las malas actuaciones, siempre le digo a Juninho que no se justifique, que no se disculpe. Yo aprendí eso en los primeros días de vida de Juninho. Tenía todos los motivos para no estar bien, pero jugaba cada vez mejor. Jugaba mucho mejor que en otras épocas en las que dormía más, en las que podía entrenar y prepararme mejor.

Por eso digo a mi hijo y a todas las personas que conviven y trabajan conmigo que jueguen su partido, que hagan su labor de la mejor manera posible. Con mucha voluntad, disposición y amor. Así de simple.

Madurando

Con el nacimiento de mi hijo en 2011, con todo lo que gané con el Santos y en el fútbol brasileño, con toda la ayuda que recibí de mis compañeros y patrocinadores, con el apoyo de mi familia y amigos y con el inmenso cariño de los aficionados, no solo de mi club (al que no tengo la manera de agradecer), realmente no tuve necesidad de salir de Brasil hasta 2013.

La felicidad que sentía me llenaba. Trabajaba con personas maravillosas, verdaderos amigos. Todo era perfecto. No era el momento de marcharse. Pero si me iba, era yo quien debía tomar la decisión junto con mi familia. Nadie más.

Mucha gente habló del tema. Algunas opiniones eran respetables, inteligentes. Otras, simplemente maliciosas, incluso nacidas de la envidia. Llegó un momento en el que todo el mundo hablaba de ello. Si fallaba un gol, era porque quería salir del Santos. Si marcaba dos, era porque todo me resultaba demasiado fácil en Brasil y necesitaba salir del país. Si sufría muchas entradas, era mejor que me marchara a Europa para evitar que me lesionaran. Si alguien consideraba que fingía cuando me hacían faltas, era bueno que me fuera a Europa, donde el arbitraje es distinto. Cualquier cosa servía como motivo para que me marchara. O para que me quedara. Incluso personas ajenas al mundo del fútbol opinaban. Así que después de cada partido... en vez de hablar de la victoria, el empate o la derrota, en vez de preguntar por qué había jugado bien o mal, la primera cuestión siempre era si ya había decidido mi salida hacia Europa.

Resultaba agotador. Y ay de mí si hacía algo. Era peor. Tuve que aguantarlo y superarlo en silencio. O como debe hacerlo cualquier jugador de fútbol: respondiendo con el balón y no con la boca. Para empeorar las cosas, ni el Santos ni yo estábamos muy bien durante la primera mitad de 2013. Apeados de la disputa por la Libertadores, solo nos quedaba la Copa de Brasil, que además esa temporada empezó más tarde. En el Paulistão, el equipo tardó en encadenar una buena racha. También yo. Montillo, el fantástico jugador argentino fichado por el Santos, tuvo que adaptarse a nuestro equipo a marchas forzadas. No cuajamos buenas actuaciones en el Paulistão. Sufrimos mucho. También los hinchas.

Sin embargo, fuimos avanzando. En los cuartos de final, en el Vila, superamos al Palmeiras en los penaltis. En la semifinal, en Mogi Mirim, también eliminamos al extraordinario equipo rival en la tanda de penaltis. Lloré mucho al final de aquel emocionante partido. Sentía un alivio y una felicidad enormes por conseguir la clasificación. Y toda la prensa especuló mucho sobre mi reacción.

En los partidos de la final contra el Corinthians volvimos a sufrir. Ellos vencieron en la ida, en el Pacaembu, por 2 a 1. En el partido de vuelta, en el Vila, inauguramos el marcador. Pero ellos empataron enseguida y aguantaron el resultado hasta el final. Perdimos en casa la oportunidad de conseguir algo que ni siquiera el Santos de Pelé había logrado. Ni ningún gran club paulista en la historia: un tetracampeonato estatal.

Hicimos todo lo que pudimos, pero no fue posible. Era la quinta final paulista consecutiva del Santos. Si vamos un poco más atrás en el tiempo, hasta 2006, solo en el año 2008 no disputamos la final del título estatal. Es toda una gesta. Y fue mérito nuestro. Sin embargo, las críticas fueron duras. Parecía que no habíamos hecho nada en el Paulistão. En el fútbol, como en cualquier actividad, siempre recibimos críticas, pero en aquella ocasión la presión fue un poco exagerada. De todos modos había llegado el momento del cambio. Era la hora de intentar conquistar nuevos objetivos profesionales.

Barcelona

El Barcelona nos quería desde el año 2011, pero no nos había pedido en matrimonio. Se dijeron un montón de cosas en la prensa española y en la brasileña. Mucha gente habló de ello sin conocer realmente los detalles. Es algo normal en cualquier negociación. Lo que ya no es tan normal es que hubiera tanta gente entrometiéndose en el asunto, queriendo influir, incluso dando detalles falsos y maliciosos de la negociación.

Se dijeron muchas cosas y nadie demostró nada. Todo lo que Neymar Jr. y yo dijimos en aquel entonces ha acabado probándose cierto. No subastamos a mi hijo ni habíamos firmado nada con anterioridad. No dejamos tirado al Santos. No hicimos daño a nadie.

Simplemente consideramos que había llegado la hora de marcharse. Nunca quisimos cerrar una puerta, pues nunca cierras la puerta de tu propia casa, de nuestro hogar, del club de nuestros amores. Sin embargo, había llegado el momento de explorar nuevas fronteras y horizontes para Neymar Jr. y nuestra familia. Era el momento de hacerlo desde el punto de vista técnico, futbolístico, emocional, profesional, económico y, por encima de todo, personal. Era el momento de dar un paso adelante. De crecer. De multiplicar. Como hace cualquier profesional en cualquier oficio.

Es absurdo que se diga que un futbolista es un «mercenario» por cambiar de equipo. ¿Cómo se calificaría a cualquier persona que trabaja en una empresa y es invitada a ejercer su profesión en otra compañía, con mejores condiciones económicas y más oportunidades para crecer como profesional y como persona? ¿También es un «mercenario»? Claro que no. Pero en el fútbol la pasión provoca que mucha gente no vea la realidad.

Es absurdo que se diga que un futbolista
es un «mercenario» por cambiar de equipo.

La negociación dejó satisfechos a todos. Teniendo en cuenta las circunstancias, las partes involucradas y los intereses diversos, hicimos las cosas muy bien. Hicimos lo adecuado, en el momento adecuado y con el club adecuado. El Santos siempre nos apoyó y apostó por Neymar Jr. Y nosotros siempre creímos en el club. En el expresidente Marcelo Teixeira y en el actual presidente Luis Álvaro. Siempre tuvimos la complicidad y la comprensión de todos. Nunca planeamos la carrera de Juninho en términos de ganancias materiales. Siempre primaron su felicidad y su bienestar. Pocos jugadores en la historia reciente de Brasil han permanecido tanto tiempo en un club brasileño. Él se quedó en el Santos porque quisimos. Porque el club quiso. Una serie de inversores y patrocinadores hicieron viable su permanencia en el Santos desde 2009. O mejor dicho, desde 2006, cuando el club apostó por un prometedor chaval de trece años. ¡Muchas gracias a todos! Neymar Jr. ha abandonado ahora el Santos, pero el Santos siempre lo acompañará. Como siempre nos acompañó a mí y al abuelo de Juninho.

Mi hijo ha dicho que hará todo lo posible en el Barcelona para que Messi marque aún más goles y sea siempre el favorito al premio al mejor jugador del mundo de la FIFA. Tengo la certeza absoluta de que él y el *crack* argentino se llevarán muy bien, dentro y fuera del campo. Igual que Juninho, Messi es una persona y un deportista ejemplares. Para mí, que disfruto del buen fútbol, ver a mi hijo al lado del mejor jugador del mundo de los últimos años me proporciona la misma alegría y el mismo honor que Neymar Jr. va a sentir al actuar con él.

Lo mejor de todo es que se incorpora a una plantilla y a un club estructurados, con la firme voluntad de adaptarse cuanto antes. Ya se atreve a chapurrear algunas palabras en catalán. Enseguida aprenderá lo que el entrenador le exigirá tácticamente y se llevará bien con los compañeros. Va a aprender mucho en Barcelona. Y por supuesto va a colaborar en todo con los compañeros y con el club.

Forman un grupo muy bueno dentro del campo y fuera de él. Todos recibieron a Juninho con los brazos abiertos. El propio Messi quiso hablar con Neymar cuando surgió el rumor de que no sería bien recibido en el club, justo después de firmar el contrato con el Barcelona. Montillo, el centrocampista argentino compañero de Neymar Jr. en el Santos, hizo de intermediario por el teléfono móvil con Juninho. Messi y mi hijo intercambiaron mensajes. Messi afirmó que todos estaban ansiosos por que llegara al Barça y que sería muy bien recibido. Y así fue, pues la acogida que tuvo fue muy buena.

Me hace muy feliz que Juninho mantenga muy buenas relaciones con las personalidades del mundo del fútbol. Recientemente, Leonardo, exdirector deportivo del Paris Saint-Germain (PSG), *crack* de la selección del cuarto Mundial, en 1994, ha puesto en contacto a Juninho con Beckham. El hijo mayor del jugador inglés, Brooklyn, a pesar de ser hincha del Real Madrid, es fan de Neymar Jr. Beckham pidió una camiseta firmada de Juninho para regalársela a su hijo en su decimocuarto cumpleaños. Luego él mismo llamó por teléfono a mi hijo para darle las gracias.

No le va a resultar difícil adaptarse a Cataluña. Lo duró será estar lejos de su gente. Vivir lejos de casa es muy doloroso. La nostalgia va a pesar. Siempre recordaré los viajes que hacíamos en el autobús para jugar en la Baixada Santista; los viajes en moto que hacía con él de paquete para que pudiese entrenar con los niños del Santos. Hicimos muchos viajes para que él pudiera viajar en el campo; para que pudiese realizar sobre el césped todo lo que sus sueños y su talento le permitiesen. Somos felices porque nuestras decisiones estuvieron bendecidas por Dios.

Mi casa, su casa

Imaginad a un niño de la playa, acostumbrado a jugar en la calle, en la tierra, en la arena, llegando a una ciudad de otro país y viéndose rodeado por cincuenta y seis mil personas que llenan un estadio un lunes solo para verlo con la camiseta del club y oírle decir unas palabras. Y todo eso con apenas veintiún años. ¡Fue sensacional! ¡Maravilloso!

Yo estaba preparándome con la selección para la Copa de las Confederaciones 2013. La responsabilidad era enorme. Jugué un domingo con la selección, inmediatamente viajé a Barcelona y el lunes ya estaba siendo presentado en un Camp Nou lleno de gente. Para jugar al lado del incomparable Messi. Y de otros grandes *cracks* del club que más triunfos ha acumulado en los últimos años, tanto en España como en el resto del mundo.

Fue difícil contener la emoción. Estaba cumpliéndose un sueño que tenía desde niño. Cuando juego a la videoconsola (y lo hago desde muy pequeño), siempre me he puesto en los grandes clubes del mundo. Ahora estoy en uno de esos grandes clubes.

La emoción que sentí cuando entré en el Camp Nou y recibí la ovación del público fue enorme. Soy incapaz de explicarla. Ya lo dije después en la rueda de prensa, ya sin poder reprimir las lágrimas. Era incapaz. Aunque no hacía falta. Antes de la entrevista, la gente del Barça proyectó un vídeo muy bonito con jugadas y goles de mis actuaciones con el Santos y con Brasil. Naturalmente pusieron los goles contra el Flamengo, el que me valió el premio Puskás de 2011, y aquel otro gol en el Vila Belmiro contra el Internacional, en la Libertadores de 2012. Otro tanto que fue candidato al premio de la FIFA en una noche inspirada en la que marqué dos goles muy parecidos.

Pocas veces he visto tanta alegría, respeto y cariño como en esa presentación en Barcelona. Yo ya sabía que había tomado la decisión adecuada, en el momento adecuado, con el club adecuado, cuando cambié a mi Santos por mi Barça. Pero si todavía quedaba algún atisbo de duda en mí, se esfumó en ese momento. Fue fantástico ver las imágenes que tomaron de mi padre sobre el césped durante la presentación, con su cara de siempre; serio, concentrado. Parecía un entrenador a cinco minutos de la conclusión de una final. Sin embargo, eran mis primeros minutos con la hermosa camiseta azulgrana. Estábamos todos emocionados y mi padre ahí, manteniendo el tipo. Aquella cara de mi padre era, en el fondo, la de quien sabe que hemos tomado la decisión correcta. Habíamos escrito una bonita página en la historia del Santos. Con Brasil todavía me queda toda una carrera por delante. Y ahora, con el Barcelona, se me presentan nuevos objetivos que conquistar.

Ha llegado el momento de cumplir mi parte, que no es otra que ayudar a mis compañeros *blaugranes* a conquistar todos los títulos que disputemos. No es una promesa; es un deseo. Con posibilidades de cumplirse en un club de estas dimensiones, con los jugadores y la estructura de los que dispone. La plantilla es tan maravillosa que llenaría todo el libro hablando solo de ella.

Voy a ponerme mi nueva camiseta y a perseguir más sueños. Quiero jugar en el Barcelona con la misma entrega con la que siempre jugué en el Santos. Y siempre repetiré una costumbre que se ha convertido en un ritual para mi padre y para mí: antes de los partidos, en el autobús que nos lleva al estadio, o ya dentro del vestuario, siempre le llamo. Charlamos sobre el partido, el adversario, nuestro equipo... Sobre lo que puedo hacer, también sobre lo que no debo hacer. Sobre fútbol, la familia y la vida. Y, principalmente, rezamos juntos. Siempre acabamos con Isaías: «Ningún arma forjada contra mí prosperará, Dios condenará en juicio toda lengua que se levante contra mí, esta es la herencia de los siervos del Señor, y el derecho que procede de Él, dice el Señor.»

Copa de las Confederaciones 2013

Antes del segundo partido del torneo, mi hijo se posicionó respecto a las manifestaciones que sacaron al indignado pueblo brasileño a las calles. Neymar Jr. escribió el siguiente texto en su página de fans de Facebook:

> Triste por todo lo que está sucediendo en Brasil. Siempre tuve fe en que no sería necesario llegar al punto de «salir a la calle» para exigir mejores condiciones de transporte, sanidad, educación y seguridad. Todos esos asuntos son una OBLIGACIÓN del gobierno... Mis padres han trabajado mucho para ofrecernos a mí y a mi hermana una calidad de vida mínima... Hoy, gracias al éxito que todos me habéis proporcionado, podría parecer que estoy haciendo demagogia (pero no es así) si levantara la bandera de las manifestaciones que están produciéndose en todo Brasil. ¡¡¡Soy BRASILEÑO y amo a mi país!!! ¡¡¡Tengo familia y amigos que viven en Brasil!!! ¡¡¡Por eso también quiero un Brasil más justo, más seguro, más saludable y más HONRADO!!! La única manera que tengo de representar y defender a Brasil es dentro del

campo, jugando al fútbol... Y a partir de este partido, contra México, entro en el campo inspirado por esta movilización... #TamoJunto

El posicionamiento de Juninho me hizo muy feliz. Y también la repercusión de su opinión. Mi hijo no se puede abstraer de la realidad; no puede dejar de decir lo que siente, lo que piensa. Su deber, en el lugar que ocupa en la selección y en la sociedad, también es manifestarse. Su mundo es el balón, pero no puede estar al margen de lo que sucede fuera del campo.

En el terreno de juego, gracias a Dios, comenzamos muy bien el torneo. Y Neymar Jr. mejor aún. Su primer disparo, transcurridos dos minutos de partido, acabó con una sequía de muchos minutos sin marcar. Hizo un gol precioso desde fuera del área contra Japón, en Brasilia. Ese día sucedió una cosa que rara vez ha ocurrido desde el debut de Juninho en 2009. Fue una de las escasísimas veces que no pudimos hablar unos minutos antes del comienzo del encuentro, por culpa de un problema telefónico. Para mí es importante estar a su lado. Sé que para él también lo es. Pero esa tarde también supo superar eso con talento y madurez.

El gol dio a nuestro equipo la tranquilidad necesaria para jugar como sabe. Japón tiene un buen equipo. Pero nosotros fuimos mejores. Al comienzo de la segunda parte Paulinho amplió la diferencia. Faltando un minuto para el final, Jô recibió un bonito pase de Oscar y cerró el marcador: 3 a 0. La victoria y la actuación fueron muy buenas. Tan bonitas como la hinchada que nos apoyó todo el tiempo, desde la ejecución del himno. Se me saltaron las lágrimas. Pero no solo a mí. Creo que a todo el mundo se le pusieron los pelos de punta con aquella demostración de civismo y ciudadanía. De amor a nuestro país.

Contra México también fue emocionante. Los aficionados de Fortaleza organizaron una fiesta preciosa y cantaron el himno hasta el final. Fue increíble. El equipo entró en el campo todavía más concentrado. Y Neymar Jr. tuvo la felicidad de, nuevamente, marcar un gol nada más empezar el partido. Esta vez fue con la izquierda, a los ocho minutos. ¡Un golazo! ¡Uno más! Fue su mejor partido en la competición. Quizás el mejor que haya jugado con la selección absoluta... al menos hasta entonces. En la segunda parte volvía a hacer una jugada sensacional por la izquierda y dio un pase limpio para que Jô ampliara la diferencia: 2 a 0 para Brasil. Neymar Jr. volvió a ser elegido por la FIFA el *«Man of the Match»*. El jugador del partido. Merecidamente. De los cinco partidos que jugó Brasil, él ganó cuatro veces el premio. Cuatro trofeos que están en mi despacho, en nuestras oficinas en Santos.

Faltaba Italia, en el Fonte Nova. Un gran adversario que nos lo había hecho pasar mal a principios de año. Esta vez, y de nuevo con el extraordinario apoyo de los aficionados, ganamos y jugamos muy bien. En la primera parte solo pudimos abrir el marcador en el tiempo añadido: gol de Dante. Italia empató en la reanudación del juego, en un bonito contragolpe. Después, mi hijo fue derribado en el borde del área, cerca del vértice izquierdo. Preparó el balón con mimo. Lo había entrenado mucho. Vio que el portero Buffon hacía el gesto de irse hacia la derecha y disparó hacia su palo para pillarlo a contrapié: 2 a 1 para Brasil. ¡Un gol de grande!

Fred anotó el 3 a 1 después de un gran centro de Marcelo. Ellos marcaron un gol más, en una jugada irregular en la que el árbitro primero pitó penalti e inmediatamente reculó. Nunca he visto nada igual. Pero a continuación, a pesar de la presión italiana, Marcelo y Fred volvieron a trenzar una bonita jugada que nuestro artillero aprovechó para cerrar el marcador con el 4 a 2.

Acabar la primera fase con un pleno nos subió la moral. Sin embargo, el rival en la semifinal era Uruguay. Siempre un gran clásico. Lugano, antes del partido, declaró que Neymar Jr. fingía mucho en las faltas, que el fútbol brasileño ya no era lo que había sido. El cuento de siempre.

Sin embargo, las cuestiones futbolísticas se resuelven dentro del campo. Menos mal. El primer tiempo en Belo Horizonte fue dificilísimo. La hinchada volvió a cantar el himno hasta el final. Ponía los pelos de punta. Ellos también llegaron motivados. Jugaron muy bien. En algunos momentos incluso mejor que nosotros. Pero cuando uno tiene de su parte la calidad y la camiseta, además de una hinchada como la nuestra, se pueden superar todas las dificultades. Paulinho lanzó un centro extraordinario desde el círculo central, Juninho mató el balón con el pecho y, casi sin ángulo, disparó. El portero Muslera repelió el tiro y apareció Fred para rematar con todo: 1 a 0 para Brasil a la finalización de la primera parte.

Uruguay empató en la reanudación del juego. El partido continuó complicado hasta el final. Los uruguayos cortaban continuamente el juego, buscaban el rifirrafe para intentar desestabilizarnos. En el saque de un córner desde la izquierda, uno de sus jugadores, que acababa de ser sustituido, fue a decirle tonterías a mi hijo al oído con el único propósito de desconcentrarlo. Juninho no se dejó influir. Le respondió lanzándole unos besos y se dedicó a jugar su fútbol. Incluso en la televisión repitieron los besos de mi hijo. Fue gracioso.

Y precisamente a partir de un córner desde la izquierda nació nuestro gol. Neymar Jr. puso la pelota en la cabeza de Paulinho, en el segundo palo: 2 a 1 para nosotros, a los cuarenta minutos de la segunda parte. Justo después Felipão retiró a Juninho. La fiesta fue indescriptible. Habíamos cumplido nuestro deber. Estábamos en la final de Maracaná. Contra el rival que todos esperaban y al que todos queríamos enfrentarnos y derrotar: España. La campeona del mundo. La bicampeona europea. El equipo de los futuros compañeros de mi hijo en Barcelona: Iniesta, Xavi, Busquets, Pedro, Piqué, Villa, Valdés, Jordi Alba, Fábregas. El mejor equipo de Europa. La campeona del mundo en 2010. La campeona de Europa en 2008 y 2012.

Sin embargo, tenían que demostrar que eran la mejor selección de la Copa de las Confederaciones de 2013. Justamente contra los dueños de la casa y organizadores de la fiesta. El Brasil pentacampeón del mundo. Tricampeón de la competición.

La selección brasileña fue adquiriendo lo que le faltaba día a día, con cada entrenamiento, con cada partido. Se demostró que lo que necesitaba era compenetración. Y la encontramos durante la competición: un equipo, un grupo que fuera del campo era maravilloso y dentro de él estaba siendo cada vez mejor. Eso nos hacía cada vez más fuertes. Esa era mi impresión.

En la final contra España nos crecimos en el momento de escuchar el himno nacional. De nuevo, los aficionados cantaron hasta el final y salimos unidos. Fue hermoso. Comenzamos a ganar el partido entonces. A conquistar la copa aquí, en Brasil. Con mucho orgullo; con mucho amor. Tanto que Fred abrió el marcador cuando solo había transcurrido un minuto y medio de partido. Hulk lanzó un bonito centro desde la derecha, Neymar Jr. no consiguió controlar el balón y Fred, desde el suelo (nunca he visto nada igual), batió al portero Casillas.

Estábamos donde queríamos: 1 a 0 nada más empezar el partido. Y casi marcamos el segundo poco después, a los siete minutos, en una ocasión de Oscar tras una bonita jugada de Fred. Paulinho lo intentó con una vaselina a los doce minutos, y el balón no entró únicamente porque Casillas es Casillas. Sin embargo, Brasil fue Brasil, como hacía tiempo que no lo era. Presionamos arriba, estuvimos encima de ellos. Concedimos pocos espacios. Cuando algún jugador rival se escapaba, como hizo Pedro a los cuarenta minutos, David Luiz salvaba el gol sobre la línea. Impresionante. Maracaná celebró la acción de David como si fuese un gol.

Imaginen entonces lo que ocurrió cuando Neymar Jr. marcó el segundo, a los cuarenta y tres minutos. Oscar le devolvió una pared y mi hijo clavó el balón en la red de un zurdazo, por el palo de Casillas. El gol nos puso los ánimos por las nubes. Los chicos enfilaron hacia el vestuario en un ambiente de fiesta, y regresaron más concentrados para la segunda parte. Entonces Hulk, en el primer minuto, lanzó un pase. Neymar Jr. amagó para engañar al defensa y dejó pasar de largo el balón para que llegara a Fred, quien cerró el marcador. ¡3 a 0 era demasiado!

Sergio Ramos falló luego un penalti. A los veintidós minutos, Brasil se escapó por la banda izquierda y Piqué dio una patada a Neymar Jr. y fue expulsado. Con un jugador más desaprovechamos un montón de oportunidades. El 3 a 0 superaba de largo las expectativas. Y fue excesivo. Cuando acabó el partido, Juninho se abrazó con el jugador español que tenía más próximo. Luego saludó a los colegiados y fue el primero en dar la mano a los extraordinarios rivales que acabábamos de derrotar. Muchos de ellos iban ser sus futuros compañeros. Rápidamente se acercó a los aficionados para saludar a todos los que pudo. En aquel momento, si hubiera podido, habría dado la mano a todos los brasileños que nos habían entregado su corazón a lo largo de la competición. En la rueda de prensa tuvo el detalle de aparecer con la camiseta de Leandro Damião, un compañero que se había lesionado y que no pudo jugar la Copa de las Confederaciones, y a quien sustituyó perfectamente Jô. Damião fue tan campeón como los otros veintitrés.

Así se construye un grupo, un equipo campeón. Desde los tiempos del fútbol sala, Juninho aprendió que todo se hace en grupo. Todo se hace para todos. En nuestra empresa también funcionamos así. Todos trabajamos para Neymar Jr. y con Neymar Jr., por nosotros y para nosotros.

Aún hubo otro momento emocionante para él y, claro, para mí: la Bota de Bronce como tercer máximo goleador de la competición. Fernando Torres y Fred habían marcado cinco goles. Neymar Jr., cuatro. Ese trofeo también está en mi despacho de NR Sports. A continuación recibió el mayor honor que existe para un futbolista: mi hijo ganó el Balón de Oro al mejor jugador del torneo. Jamás se le había pasado por la imaginación ganar un premio en el que Iniesta se quedara con el Balón de Plata y Paulinho con el Balón de Bronce. En un torneo en el que participaban *cracks* brasileños y españoles, además de Pirlo, Cavani... Fue un gran honor y una inmensa alegría.

> Jamás se le había pasado por la imaginación ganar
> un premio en el que Iniesta se quedara con el Balón
> de Plata y Paulinho con el Balón de Bronce.

A las 21.13 horas, en Maracaná, Juninho de Mogi das Cruzes levantó el segundo trofeo de la noche, apuntando al cielo y agradeciendo a Dios una nueva conquista. Luego, cuando le colgaron la medalla de campeón, recibió unos besos en la cabeza del presidente de la FIFA y del presidente de la Confederação Brasileira de Futebol (CBF). Allí mismo, en la tribuna, esperó a que nuestro capitán Thiago Silva levantara el cuarto trofeo de la noche. El más esperado: el del campeón de la Copa de las Confederaciones. Eran las 21.20 horas cuando lanzamos el grito más fuerte: el de ¡CAMPEÓN! Nosotros y todos los brasileños.

Neymar Jr. bajó rápidamente para la foto con toda la plantilla y el cuerpo técnico previa a la vuelta olímpica. Fue muy bonito ver a varios hijos de sus compañeros en la foto. Fue hermoso. Y yo pensaba en mi nieto Davi Lucca. Imagino cuánto deseaba tenerlo en su regazo su padre para acunarlo como hizo con la copa cuando pudo sostenerla con sus manos. Juninho la acunó. Sujetó el trofeo y lo besó como si fuese un hijo.

Todavía tuvo tiempo para hacerse una foto con los tres trofeos conquistados: la Bota de Bronce, el Balón de Oro y la Copa de las Confederaciones. Como si fuese un hincha. Y en efecto era un hincha. Privilegiado por haber jugado al lado de un gran equipo. Aún más: privilegiado por ser brasileño. Ambos sabíamos que solo había dos opciones para Juninho a la finalización de la Copa de las Confederaciones: sería un perdedor en la selección brasileña de fútbol o sería uno de los héroes de la conquista del título.

Gracias a Dios, una vez más, Juninho jugó como un genuino dorsal 10 de Brasil. Soy sospechoso de hablar como padre, pero, como amante del fútbol, soy muy feliz por lo que Juninho y sus compañeros hicieron por el fútbol brasileño. Recuperamos nuestro orgullo. Regresó el campeón con un fútbol estético, convenciendo, ganando con fuerza, inteligencia, habilidad y talento.

Ganando como Brasil. Ganando en Brasil. Fuimos tetracampeones con cinco victorias en cinco partidos. Goleando en la final a la selección campeona del mundo y bicampeona de Europa. Creo que no es necesario añadir más.

Davi Lucca

Cuando me enteré de que iba a ser padre, a los diecinueve años, poco antes de ganar el título paulista de 2011, confieso que no supe qué hacer. Les ocurre a muchos hombres. Para mí fue muy difícil, pues estaban ocurriendo muchas cosas a mi alrededor. Me daba miedo la responsabilidad. No estaba preparado. Era demasiado pronto. Al principio lloré mucho por el miedo que sentía.

El momento de contárselo a mi familia no fue fácil. Hasta que reuní el valor y fui a hablar con mi madre. Le pedí que se quedara en casa porque teníamos que hablar. Cuando se lo conté, ella se emocionó y le entró una llorera. Con el futuro abuelo la cosa fue más complicada. Era incapaz de decírselo. Se me trababa la lengua. Mi padre siempre me ha aconsejado. Me decía que tuviera cuidado, que fuera precavido en todos los sentidos. Siempre estaba hablando de las consecuencias de todos los actos.

Sin embargo, pasado el susto inicial, mi padre afrontó la situación con el corazón y me acompañó para hablar con Carol, la madre de mi hijo. Mi padre estuvo increíble, como siempre. La familia de ella también se comportó de una manera extraordinaria. Gracias a Dios. Y desde entonces todo sigue siendo maravilloso. Nos llevamos todos muy bien.

Mi padre siempre me ha ayudado mucho. En cuanto supo que iba a ser abuelo me dio todo el apoyo que yo necesitaba. Me dijo que el amor que siente por mí y por mi hermana es infinito. Y que aunque no me casase ni permaneciera con la madre de mi hijo, Davi siempre formaría parte de nuestra familia.

Un hijo es una bendición. Y eso es lo que Davi Lucca será siempre. Es una bendición en la vida de los padres, de los abuelos, de la tía, de la familia entera. Mi vida se ha vuelto más especial desde su llegada. Me trae suerte.

Hoy y todos los días Davi es mi alegría, mi felicidad. Se me cae la baba, ¿verdad? Me gusta estar cerca de él, jugar con él. Me encanta verlo crecer. Le enseño y aprendo mucho con él. Hago de todo por mi hijo. Incluso le cambio los pañales. Intento hacer con mi hijo todo lo que mi padre hizo conmigo. Es una delicia. Además porque mantengo una relación muy buena con su madre. Hablamos mucho, ya que quiero participar todo lo que pueda en su educación. Quiero que sea una buena persona, y voy a educarlo de la mejor manera posible, como me educaron mis padres. Hago de todo con él. Hago de todo por él.

Hago de todo por mi hijo. Incluso le cambio
los pañales. Intento hacer con mi hijo
todo lo que mi padre hizo conmigo.

La primera vez que lo llevé a un estadio fue en un clásico contra el Corinthians, en el Vila Belmiro. Fue el 4 de marzo de 2012. Él apenas tenía seis meses. Pero no me importaba. Asumí la responsabilidad. Me consiguieron un uniforme del Santos con el dorsal número 10 y una gorrita chula. Salí al campo con él en brazos. Se formó un gran alboroto. Casi nadie sabía que iba a salir con mi hijo. Ni siquiera su abuelo. Había hablado con Carol y no me había puesto pega alguna. Además me hizo muy feliz sostener a Davi Lucca aquel domingo soleado en el Vila. Se llevó un beso de su padrino Ganso antes de abandonar el campo. Y, claro, para mí fue lo que siempre será: un talismán. ¡Ganamos 1 a 0!

Davi Lucca será lo que yo fui para mi padre: un talismán de primera. Hay una foto muy bonita de mi padre jugando con el Manchester de Juiz de Fora, en 1994. Está colgada en el mural de la oficina de NR Sports. El equipo está posando de la manera tradicional para los fotógrafos. Y yo soy su único talismán, bien destacado delante de él. Solo me tenía a mí para darle suerte. También yo, aquel domingo en el Vila, solo llevaba a Davi Lucca en su debut en el estadio.

Durante las concentraciones con el Santos, Davi Lucca venía a verme. No había un momento más placentero. Fue así en el Vila y será así en España; será así toda la vida. Es así desde aquel 24 de agosto de 2011. Desde que nació, a las 11 horas de aquella mañana. No soy mucho de relacionar números, pero es curioso que en el año 2011, a las 11 horas de la mañana, nació el hijo del dorsal número 11 del Santos, entonces campeón de la Libertadores de 2011 y, más importante aún, ¡campeón por ser el padre de Davi Lucca!

Desde ese día ya no pienso en mí. Pienso mucho más en él. En mi hijo. Cada vez entiendo mejor a mi padre. Cada vez le doy con más frecuencia la razón. Nada puede compararse a la emoción de ser padre. Es una alegría que me emociona y que me bendice. Deseo que Davi tenga ídolos y ejemplos tan buenos como los que tengo yo. Pero espero que no me suceda lo mismo que a Robinho. Cuando jugábamos juntos en el Santos, en 2010, él traía a su hijo a la ciudad deportiva y el pequeño decía que era fan mío.

Ya estoy preparándome para cuando ocurra, pues es muy probable que Davi nunca diga que es fan de Neymar Jr. Sin embargo, yo puedo afirmar lo siguiente: ¡soy un fan muy orgulloso de Davi Lucca! Ahora mi objetivo es marcar goles para él, jugar para él. Mi hijo es mi amor.

Orgullo

Me marqué un objetivo desde muy temprano: cuidar de Juninho hasta que debutara profesionalmente. Cuando pisase el césped por primera vez me sentiría realizado. Cumplí mi parte. Ahora le toca a él cumplir la suya dentro del campo. Cuenta con el apoyo de nuestro equipo fuera del terreno de juego. Nos dedicamos en cuerpo y alma a él desde su debut en 2009. Somos un equipo. Ahora, si va a convertirse en el mejor del mundo... Toda la gente nos pregunta lo mismo. Sinceramente, nuestra ambición no es esa. Juninho no entra en el campo con ese objetivo.

Si algún día se da el caso de que es elegido el mejor jugador de la temporada por la FIFA, será la consecuencia de un trabajo enorme. Si quisiéramos que Neymar Jr. fuera el mejor jugador del mundo, habríamos hecho caso a toda la gente que le dijo a mi hijo antes de ir al Barcelona: «Si quieres ser el mejor del mundo no puedes jugar donde está el mejor del mundo. Tienes que ser su rival. Jugando en el Barça siempre tendrás un papel secundario.»

Mucha gente todavía no entiende cómo pensamos Juninho ni las personas que trabajamos con él. El único objetivo de Neymar Jr. es ser feliz. Es así desde que nació, desde que empezó a jugar al fútbol. Él quiere jugar con los mejores. Neymar Jr. eligió lo que más le gusta. El mejor fútbol que existe para él es el *jogo bonito* del Barcelona. Para él y para nosotros, que defendemos el fútbol bien jugado, ambicioso.

Y como dice Xavi: «Yo no juego para ser el mejor del mundo. Ayudo a mis compañeros para que sean los mejores jugadores del planeta.» Se trata de eso. Es el fútbol colectivo. Neymar Jr. va a ser muy feliz en Barcelona. Y hará feliz a mucha gente con su fútbol.

Las decisiones de Neymar Jr. se basan en el amor y la felicidad. Y vamos a dejar que el destino siga revelándose a su favor. Resulta muy reconfortante oír a personas como Tostão hablando bien de tu hijo, a brasileños y a gente de todo el mundo elogiándolo. Nunca olvidaré el anuncio publicitario de Volkswagen con Ayrton Senna, el Dalai Lama y mucha otra gente importante y maravillosa, entre ella mi Juninho... No es una cuestión de vanidad. Es orgullo. Es una cuestión de respeto. He visto ese anuncio millones de veces, porque sé que trabajamos para recibir esa clase de reconocimiento.

Mi mayor deseo en la vida ha sido oír a la gente hablando bien de unos hijos de los que me siento muy orgulloso. En ese sentido también estoy bendecido como padre. A la gente le gusta lo que Juninho hace con el balón y su comportamiento fuera del campo. Mi hijo ha sentido en sus carnes los prejuicios raciales actuando con la selección. Ha oído toda clase de insultos. De vez en cuando pierde la cabeza. No es un robot. Nadie lo es. Sin embargo, a veces se pasan con él. Menos mal que soy una persona curtida en mil batallas. He tenido una vida muy dura. Muchas veces no pude comprarles regalo alguno a él ni a Rafaela. Pero siempre afirmé que las cosas podían cambiar algún día. Obligué a Neymar Jr. a soñar. Lo único que podía darles, la única certeza que mis hijos tenían, era que estaba permitido soñar. Y soñaron.

Lo que más me impresiona de Juninho es su capacidad para entender su juego y el de los rivales; su capacidad para leer los partidos. Muchos jugadores juegan al fútbol, pero no lo ven. No lo entienden. Neymar Jr. es capaz de jugar y ver los movimientos de su propio equipo y del adversario. Hasta el punto de que parece que no está en el campo, sino en la tribuna, como analista.

Neymar Jr. tiene una capacidad de absorción y de aprendizaje fuera de lo común. Solo hay que verle grabar los anuncios. Memoriza todo en un momento y nunca se equivoca. Incluso recuerda varias jugadas de numerosos partidos. Muchos futbolistas apenas recuerdan cómo hicieron tal jugada o lo que dejaron de hacer en el campo. Juninho no. Siempre quiere aprender. Siempre está atento a lo que ocurre.

Otra cosa muy importante en su carrera ha sido su paciencia para madurar. Sé que es muy precoz, que ha hecho muchas cosas antes que la mayoría de la gente. Sin embargo, nunca aceleró su desarrollo como futbolista ni como persona. Siempre supo que no debía saltarse etapas. Dios no se salta etapas. Su cuerpo a los diecisiete años era el de un chico de diecisiete años. A los diecinueve, el de un futbolista a los diecinueve. Y ese es su camino. Por eso llegará lejos. Sabe reconocer el momento de hacer las cosas. Dentro y fuera del campo. Yo le señalo los caminos, pero él decide cuál seguir. Casi siempre escoge el correcto. E, independientemente del rumbo que siga, es importante destacar que todas las decisiones nacen en su cabeza. De su personalidad. A pesar de que cuidamos de todo lo que afecta a Juninho para que él solo tenga que preocuparse de jugar al fútbol, posee la capacidad y la responsabilidad para asumir todos sus actos. Así es él.

Dios no se salta etapas. Su cuerpo a los diecisiete años era el de un chico de diecisiete años. A los diecinueve, el de un futbolista a los diecinueve.

Todos los partidos son el último para mi hijo. Para él, y para mí, un título es la consecuencia de un trabajo arduo y bien hecho. Tras uno de los partidos disputados en Perú, la prensa argentina se rindió a sus pies. En la portada del diario *Olé* se podía leer: «Neymaradona.» Fue en el debut del Campeonato Sudamericano sub-20, el 18 de enero de 2011, en la ciudad de Tacna. Una bonita victoria contra Paraguay: 4 a 2 para Brasil. Cuatro goles del dorsal número 7 de la *canarinha*. ¡Cuatro goles de mi hijo! ¡Imaginen mi emoción! Todavía comparan a Pelé con Maradona y el propio periódico argentino comparó a mi hijo con Maradona.

Quiero ver jugar a mi hijo siempre. No solo porque sea mi hijo, sino por el gusto de ver a un tipo que juega con tanto amor y placer en el campo. A veces se me ponen los pelos de punta con las duras entradas que recibe. Es una cosa de padre y de hincha; no necesariamente en ese orden. Evidentemente no me gusta que reciba en el campo, pero hubo una vez que me divertí. La selección se enfrentaba a Argentina en Belém, en el Superclásico de las Américas. Un partido difícil, como siempre. Neymar Jr. estaba jugando bien, pero en una jugada por la banda izquierda regateó para un lado, luego para el otro, hasta que el centrocampista Guiñazú lo agarró de la camiseta y tiró de él. El árbitro pitó la falta. El argentino se puso a protestar y mientras tanto tiró al césped algo que se había desprendido de la camiseta amarilla. ¡El dorsal de Neymar Jr.!

Quiero ver jugar a mi hijo siempre. No solo porque sea mi hijo, sino por el gusto de ver a un tipo que juega con tanto amor y placer en el campo.

La suerte fue que Juninho llevaba el número 11. Guiñazú solo le arrancó el número de la derecha. Quedó un espacio vacío, rodeado por unas líneas verdes. Solo sobrevivió el «1» de la izquierda. Neymar Jr. fue el número 1 durante unos instantes. Claro que, como padre, para mí siempre será el número uno. Siempre de sobresaliente. Pero en aquel partido contra Argentina en Pará, los rivales le hicieron faltas hasta en el dorsal.

Es otro de esos momentos que nunca olvidaremos. Y tengo la seguridad de que todavía nos quedan por vivir muchas alegrías. Al fin y al cabo, Juninho solo tiene veintiún años. Aún le queda mucha carrera por delante. Por su compromiso y su seriedad, por su amor por lo que hace, por el cariño que recibe de sus seguidores y de los seguidores de los equipos en los que actúa, sé que cada día va a superarse.

Deseo que al final de su carrera mi hijo sea reconocido tanto por su talento como futbolista como por su humildad en el trato con todo el mundo. Espero oír de las personas que lo conocieron cuando era un renacuajo delgaducho corriendo detrás de la pelota que el Juninho maduro, con éxito, sigue siendo la misma persona que atiende a todos con cariño y respeto. Él devuelve con el mismo amor todo lo que recibe de quien le quiere. No es solo porque Nadine y yo lo hayamos educado así, también se debe a su naturaleza.

Mi hijo es un buen tipo. Es una persona decente. Eso es lo más importante en esta vida: ser buena persona. No lo digo porque sea su padre, sino porque he seguido de cerca a ese niño desde que estaba en la cuna. Y eso que él me exige mucho y yo a él. No es fácil ser al mismo tiempo padre, fan e hincha del equipo en el que juega. Puede haber miles de aficionados animándolos a él y a su equipo. Yo intento, dentro de lo posible, no mezclar los papeles. Intento ser padre en primer lugar, y después hincha y fan. Y claro, no es sencillo. Aunque resulta menos difícil por ser mi hijo la persona que es.

Sé que Davi Lucca va a sentirse muy orgulloso de su padre. Sé que otros niños van a vivir días y partidos muy felices viendo a Neymar Jr. y a sus compañeros en el campo. Sé que mi hijo va a vivir muchas experiencias buenas también fuera del terreno de juego. Porque se lo merece. Porque Dios ayuda a quien trabaja. Y Dios nos ha ayudado en todo, dentro y fuera del campo. En todos los campos de esta vida.

Solo puedo agradecer a nuestro Señor todo lo que nos ha dado. Y agradecer a todos los fans el apoyo que dan a mi hijo; lo que hace que me sienta más feliz y realizado. Mi hijo es mi tesoro. El tesoro de muchos hinchas del Santos, del Barcelona y de Brasil.

El futuro

¿Qué futuro me espera? ¿Dónde estaré dentro de diez años? No lo sé. Deseo seguir siendo feliz haciendo lo que me gusta y me llena, y trabajo para que así sea. Espero continuar dando alegrías a los aficionados de mi club. A los santistas, a los *culés* (como se denomina a los hinchas del Barcelona), a los aficionados brasileños, a los fans de mi fútbol de todo el mundo.

Quiero llevar la alegría a todos los aficionados al deporte. No entreno para ser el mejor del mundo. No juego para destacar. Juego para ayudar a mi club y a mis compañeros. Juego para la afición brasileña y santista. Y a partir de ahora voy a jugar para ayudar al Barcelona. ¡Juego porque amo el fútbol!

He crecido mucho en estos últimos años. Las cosas han sucedido muy deprisa. Fui padre con diecinueve años, subí al primer equipo a los diecisiete; todo en mi vida ha sucedido muy rápido y eso me ha ayudado mucho a tener la experiencia que acumulo hoy en día. Me siento bien para jugar cualquier partido, en cualquier estadio, en cualquier país. He aprendido mucho con todo lo que ha pasado en mi vida. También porque tengo al mejor profesor a mi lado:

mi padre. Cuando me veía triste por algún motivo, él me decía: «Aprenderás de todo esto. Ahora lloras, pero más adelante comprenderás que estas lágrimas te han hecho bien, te han ayudado a crecer.»

Voy a hacer todo lo que esté en mi mano para ser cada vez mejor, cada vez más productivo. Si Dios quiere, en 2014 celebraré el sexto mundial en nuestro país. ¿Quién sabe si en 2018 no estaré celebrando el séptimo? ¿Por qué no? En los mundiales haré todo lo posible para dar a nuestros aficionados la felicidad que merecen.

Y sé que siempre contaré con las bendiciones de mi padre. Ahora está a mi lado, y en el futuro continuará luchando por mí y por mi familia. Solo he llegado a donde estoy porque mi padre me ha guiado y protegido. Él es el principal responsable de que yo esté donde estoy. Él ha sufrido mucho. Y hace todo lo posible para que yo no sufra, para que no pase por las experiencias que él tuvo que vivir. No puedo prever el futuro, pero sé que mi familia siempre estará conmigo.

Solo he llegado a donde estoy
porque mi padre me ha guiado y protegido.

Ese es el mayor regalo que recibo de él. Doy gracias a Dios por el cariño que me profesaron los santistas entre los años 2009 y 2012; por el entusiasmo con el que me recibieron los hinchas *blaugranes* del Barcelona. Por el cariño de la afición verdiamarilla en todos los momentos con la selección desde 2010. Siempre estaréis conmigo. No puedo prometer goles, victorias ni títulos. No dependen solo de mí. Pero siempre prometeré lucha, entrega, voluntad y esfuerzo. Y sí, osadía y alegría. Astucia. Picardía. Irreverencia. Y algunos bailes para celebrar los goles, ¡no puedo remediarlo! El fútbol no solo son victorias, empates o derrotas. Es mucho más que eso. No es solo un nosotros contra ellos. Es todo eso y mucho más. El fútbol es un juego infantil que los adultos se toman en serio. Sin ser necesariamente serio siempre.

Quiero divertirme. Quiero hacer feliz a mucha gente. Quiero ser alegre corriendo, jugando, regateando y marcando goles. Quiero ser aquel niño que no renunció a un sueño. Siempre quise ser futbolista. Cuando veía a mi padre jugando al fútbol me veía haciendo lo mismo cuando fuera mayor. Si un niño tiene ese sueño, debe perseguirlo. Debe ir a por él. Nunca dejar de creer, aunque le digan que no va a conseguirlo.

Yo creí en mi sueño. En el fondo sigo siendo aquel pequeñajo que subía y bajaba por las gradas cuando fue descubierto por Betinho. Quiero ser siempre ese niño que entrenaba por la mañana en el campo, estudiaba por la tarde en el colegio, entrenaba en sala por la noche y volvía a casa en la Kombi de su padre bien entrada la noche. Quiero ser para las personas lo que mi padre es para mí: todo. Para siempre.

Papá, tú eres mi héroe, mi consejero, mi amigo. No existen palabras en este mundo para agradecerte todo tu amor y tu dedicación. Por ti y por mamá, la mujer de mi vida, que daría la vida por mi hermana y por mí, haría cualquier cosa. Doy las gracias a Dios por teneros a mi lado. Quiero ser para Davi Lucca todo lo que tú eres para mí. ¡Te quiero mucho! Y espero que este año 2013 sea aún más especial por poder entregarte el libro que hemos hecho juntos. El libro que cuenta nuestra historia. Espero escribir más páginas victoriosas en esta vida. Victorias que no dependan de resultados, sino de la alegría de jugar. De la alegría de ser hijo de Neymar. De la felicidad de ser Neymar Jr.

Premios

Campeón de la Copa de las Confederaciones 2013.

Balón de Oro - Mejor jugador de la Copa de las Confederaciones 2013.

Bota de Bronce - Tercer máximo goleador con cuatro goles de la Copa de las Confederaciones 2013.

Mejor jugador del Campeonato Paulista 2013.

Miembro del equipo ideal del Campeonato Paulista 2013.

Segundo máximo goleador con doce goles del Campeonato Paulista 2013.

Subcampeón del Campeonato Paulista 2013.

Mejor jugador americano en 2012 - Diario *El País*.

Miembro del equipo ideal americano 2012 - Diario *El País*.

Trofeo Mesa Redonda - Mejor jugador del Campeonato Brasileiro 2012.

Trofeo Mesa Redonda - Mejor delantero del Campeonato Brasileiro 2012.

Trofeo Armando Nogueira 2012 - SporTV y GloboEsporte.com.

Premio Globolinha de Ouro - Gol más bonito del Campeonato Brasileiro 2012.

Balón de Oro Hors Concours 2012 - Revista *Placar* y ESPN Brasil.

Bota de Oro 2012 -Revista *Placar* y ESPN Brasil.

Miembro del equipo ideal del Campeonato Brasileiro 2012 - CBF.

Premio Brasil Olímpico (COB) 2012 - Categoría de fútbol.

Bicampeón del Superclásico de la Américas con la selección brasileña.

Campeón de la Recopa Sudamericana 2012.

Mejor jugador de la Recopa Sudamericana 2012.

Medalla de plata - Olimpiadas de Londres 2012.

Máximo goleador con ocho goles de la Libertadores 2012.

Miembro del equipo ideal de la Libertadores 2012.

Tricampeón del Campeonato Paulista 2012.

Máximo goleador con veinte goles del Campeonato Paulista 2012.

Mejor jugador del Campeonato Paulista 2012.

Miembro del equipo ideal del Campeonato Paulista 2012.

Premio Ferenc Puskás - Gol más bonito de la temporada 2011.

Mejor jugador americano en 2011 - Diario *El País*.

Balón de Bronce - Tercer mejor jugador del Mundial de Clubes 2011.

Subcampeón del Mundial de Clubes 2011.

Balón de Oro - Mejor jugador del Campeonato Brasileiro 2011 - Revista *Placar* y ESPN Brasil.

Balón de Plata - Miembro del equipo ideal del Campeonato Brasileiro 2011 - Revista *Placar* y ESPN Brasil.

Bota de Oro 2011 - Revista *Placar* y ESPN Brasil.

Trofeo Armando Nogueira 2011 - SporTV y GloboEsporte.com.

Premio Brasil Olímpico (COB) 2011 - Categoría de fútbol.

Mejor jugador del Campeonato Brasileiro 2011 - CBF.

Miembro del equipo ideal del Campeonato Brasileiro 2011 - CBF.

Mejor jugador de la Libertadores 2011.

Campeón del Superclásico de las Américas con la selección brasileña.

Premio Ginga Esporte Interativo - Gol más bonito 2011.

Premio Ginga Esporte Interativo - Mejor jugador de la temporada 2011.

Segundo máximo goleador con seis goles de la Libertadores 2011.

Campeón de la Libertadores 2011.

Mejor jugador del Campeonato Paulista 2011.

Miembro del equipo ideal del Campeonato Paulista 2011.

Bicampeón del Campeonato Paulista 2011.

Máximo goleador con nueve goles del Sudamericano sub-20 2011.

Campeón del Sudamericano sub-20 con la selección brasileña 2011.

Máximo goleador con once goles de la Copa de Brasil 2010.

Campeón de la Copa de Brasil 2010.

Miembro del equipo ideal del Campeonato Paulista 2010.

Mejor jugador del Campeonato Paulista 2010.

Campeón del Campeonato Paulista 2010.

Jugador revelación del Campeonato Paulista 2009.

Subcampeón del Campeonato Paulista 2009.

Instituto Projeto Neymar Jr.

En Praia Grande, en el Jardim Glória, en el mismo lugar donde Neymar levantó su casita con el dinero que ganó, está construyéndose un sueño que no pertenece únicamente a los Silva Santos, sino también a todas las familias de la región. No está destinado solo a los niños, también a sus padres, hermanos y familiares, que tendrán, en una región necesitada, un centro donde se promueve la vida, la salud, el deporte, el estudio y la educación. La familia.

El Instituto Projeto Neymar Jr. es una asociación privada sin ánimo de lucro dedicada a las causas sociales. Se trata de un complejo educativo y deportivo para niños necesitados y dirigida a atender a familias con una renta per cápita inferior a los 140 reales mensuales. La misión del Instituto es contribuir en el crecimiento socioeducativo de las familias, promoviendo la práctica de actividades deportivas y ofreciendo un acceso a la cultura a miles de personas.

El objetivo consiste en, por medio del deporte, ampliar los horizontes de los niños, las familias y toda la comunidad, además de formar a ciudadanos que no tienen por qué ser unos *cracks* del balón para que se desarrollen y crezcan en un ambiente mejor, a través de conocimientos específicos y formación individualizada.

El centro, de ocho mil cuatrocientos metros cuadrados, atenderá inicialmente a dos mil trescientos niños de los siete a los catorce años. También se atenderá a los tutores de esos chicos; por lo tanto, el total de las personas beneficiadas ascenderá a diez mil. Los padres de los chicos que vestirán la camiseta del Instituto tendrán acceso a conferencias informativas (sobre economía, salud, motivación, etc.), cursos de formación profesional, de reciclaje, de alfabetización para adultos, de natación e hidrogimnasia para la tercera edad.

Todas las actividades tendrán lugar en el complejo situado en una zona cedida por el Ayuntamiento de Praia Grande mediante un sistema de concesión inicial de treinta años, renovables para otros treinta. El local está ubicado en el Jardim Glória, y atenderá a la población de las agrupaciones municipales de Aeroclube, Aprazível, Guaramar, Guilhermina, Marília, São Sebastião, Sítio do Campo y Vila Sônia.

Los criterios establecidos para la participación de los niños y sus familias se limitan a que residan en los barrios citados, además de estar matriculados en los colegios municipales José Júlio, Roberto Santini, Elza Oliveira y Maria Nilza, siendo su asistencia escolar igual o superior al 90 %, y exigirse la participación de los tutores en las actividades.

El Instituto nace para ofrecer posibilidades nuevas y concretas a la comunidad que vio crecer a Neymar Jr. El futbolista que ahora representa a Brasil por los estadios del mundo conoce de primera mano la realidad de la comunidad. El pitido inicial ya ha sonado para que remontemos este partido. Se escribirá una nueva historia dentro y fuera del campo.

El Instituto se financiará con recursos propios y con la aportación de patrocinadores privados. En las actividades se utilizarán recursos originados de incentivos fiscales de personas físicas, jurídicas y también de donaciones puntuales para dar a la comunidad lo que Neymar Jr. no pudo disfrutar en su infancia. La inspiración para la realización de este sueño procede de la difícil infancia de Neymar Jr. El *crack* declara: «Cuando yo era niño lo único que quería era un lugar así adonde ir, y no existía en la región.» Como explica su padre: «No queremos esperar a que Neymar Jr. se retire para empezar el Projeto. Es importante realizarlo mientras está en activo. Vamos a informar a toda la familia, para que los padres puedan ayudar a sus hijos a tomar sus decisiones. La familia debe caminar junta.»

Como unidas también están en el Instituto Projeto Neymar Jr. la madre y la hermana de Neymar Jr. Nadine tiene la esperanza de transformar la realidad que vivió con su marido en la comunidad: «Conocemos las necesidades reales de la zona. Podemos mejorarla.» Rafaela comparte esta convicción con su madre: «El Instituto es un sueño de nuestra familia. Vamos a hacerlo realidad para mejorar la vida de mucha gente de la comunidad.»

Índice

OTROS TÍTULOS

FÚTBOL. MI FILOSOFÍA

Johan Cruyff

Tienes en tus manos un acontecimiento editorial excepcional: el primer libro, desde hace una década, en que Johan Cruyff escribe sobre su visión del fútbol. Dice Cruyff que «El futbol es sencillo, pero el fútbol sencillo es lo más difícil de conseguir que existe.» En este texto, claro y emocionante a la vez, el legendario ex futbolista y ex entrenador expone sus ideas con su inteligencia y curiosidad habituales, y el lector encontrará las claves que han convertido sus ideales en la fuente de inspiración del fútbol moderno. Cruyff nos recuerda en todo momento de qué lado está: del lado del fútbol bello y ofensivo, del irrenunciable placer de jugar, de la dignidad del jugador. Un libro para guardar, subrayar y no olvidar.

EL JOVEN CRUYFF

Jan Eilander

Jopie es un niño de nueve años del sur de Amsterdam con dos grandes pasiones: el fútbol y el Ajax, el gran club de su ciudad. Puesto que aún no ha cumplido los diez años, no puede ingresar en su equipo favorito y tiene que conformarse con practicar el fútbol por las calles de su barrio, en compañía de su hermano mayor y de sus amigos, con quienes perpetra, además, todas las diabluras imaginables. Para hacer más soportable la espera, también ayuda los fines de semana a su tío a poner a punto el césped del estadio del Ajax, que se encuentra a pocas manzanas de casa. Jopie no muestra un gran interés en los estudios y sus padres, que regentan una modesta tienda de frutas y verduras, ven con cierta preocupación cómo crece su vocación futbolística. A Jopie aún le falta un poco para convertirse en el mejor futbolista del universo, pero su nombre ya empieza a sonar entre los cazatalentos de Holanda: Johan Cruyff.

PREPÁRENSE PARA PERDER

Diego Torres

Cuando en mayo de 2010 el club más poderoso del planeta contrató al entrenador más famoso, el fútbol español vivía su apogeo histórico. España nunca había contado con tantos y tan buenos jugadores y entrenadores. Salvo por la brecha económica, el deporte parecía atravesar un momento de felicidad. Bajo la tranquila superficie de esas aguas, sin embargo, fluía un violento deseo de revancha. El conflicto avanzaba silencioso hacia una crisis sin precedentes, hasta que por fin se produjo un estallido de interrogantes de difícil respuesta cuyo protagonista se encargó de oscurecer en el límite de la parodia: «¿Por qué? ¿Por qué? ¿Por qué?...»

La contratación de José Mourinho por el Real Madrid desató una cadena de reacciones que cambiaría la sustancia misma de todos los elementos en juego.

Cuando en mayo de 2013 el presidente madridista Florentino Pérez anunció la rescisión del contrato con el mánager, el club más poderoso semejaba un ejército agotado en medio del desierto; su archirrival, el Barcelona, luchaba por reinventarse, y el propio Mourinho, emborronado y envejecido, admitía su fracaso.